中央大学社会科学研究所研究叢書……39

暴力・国家・ジェンダー

中島康予 編著

中央大学出版部

はしがき

　現代アメリカの認知科学者スティーブン・ピンカー（Steven Pinker）は「人類史における暴力の減少」という仮説の実証を試みている。しかし，近現代の国民国家は幾多の戦争を誘発し，人類は巨大な暴力のコントロールにも，真の平和構築にも成功していないと言わざるを得ない。いかにすれば，戦争をする国家を，戦争をしない国家に転換させうるのか。女性は戦争をしない国家を実現させるために何ができるのか。これが，中央大学社会科学研究所の研究チーム「暴力・国家・ジェンダー」をスタートさせた時に立てた問いである。本書は，この問いに向き合った3年間の研究成果をまとめたものである。

　冒頭に引いたピンカーが，著書『善良な我々の本性──なぜ暴力は減少したか』（邦訳『暴力の人類史』青土社刊）のみならず，その後の論考，ネット論文，インタヴューなどでも，「暴力的大惨事の発生を予言する人々を激しく批判」（ダワー 2017：1）していることに対して，ジョン・W・ダワー（John W. Dower）は批判する。確かに，大規模戦争に限れば，その数は確かに減少傾向にある（ダワー 2017：2）。しかし，第二次世界大戦以降の時期を比較的平和な時期であるとする，このような見方は以下の4点に照らして誠実さを欠くものだとダワーは述べる。第1は，アメリカを免責している点である。アメリカ型の戦争活動，人民抑圧的な外国政府への支援，目に見える形や秘密裏での外国への様々な介入への認識が不十分なのである（ダワー 2017：4）。第2は，戦争・紛争・破壊の数量化にまつわる困難である。そもそも，死亡者数をどのように数えるのか，推定することは難しい。市民の戦争関連死亡者数，さらには，内戦，部族・民族の対立，宗教対立が原因となった死者，共産主義政権下ばかりでなく，アメリカが支援した政権下での犯罪行為の推定や除外など問題は広範囲に及ぶ（ダワー 2017：4-5）。しかも，このような見方は，死亡者数を特権化することで，6,000万人を超える「世界中で，迫害，紛争，拡大する暴力，あるいは人権侵害によって強制追放された」人々（国連難民高等弁務官事務所 2015

年半ばの報告書)，経済制裁によって命を落とす乳幼児のことは視界の外におかれる（ダワー 2017：5-7）。第3に，心理的あるいは社会的暴力の実態に迫る資料は，その実態を「わずかにほのめかすことしかできない」（ダワー 2017：7）。第4は，「戦争・紛争・軍事化・死に対するあからさまな恐怖が，市民社会ならびに民主主義の実践に及ぼす打撃」は数字でほとんど表すことができず，「全く異なった定義での暴力もあることを考慮しなければならない」（ダワー 2017：8）。このようなダワーの整理は，わたしたちが「構造的暴力」として考えてきたことをあらためて想起させてくれるのである。

　ダワーが『アメリカ　暴力の世紀』で論じていることのなかで，暴力とジェンダーという本書のテーマとの関係で注視しておきたいのは，「冷戦期と冷戦後の愛国主義を象徴する代表的な表現となった」「アメリカの世紀」（ダワー 2017：16）に関することである。この表現は，真珠湾攻撃の10カ月前，1941年2月17日刊行の雑誌『ライフ』に掲載された，ヘンリー・ルースの手になる「アメリカの世紀」と題する長文の評論に遡る。そこでは「世界で最も強力で重要な国家の国民としての義務と幸運を心から受け入れ，その当然の帰結として，世界に我々の影響力を十分に及ぼし，そのような目標達成には我々が適任者であり，目標を達成する手段も我々は保持していると認めるよう」にとアメリカ人に迫った（ダワー 2017：14-15）。アメリカ国民が担う使命，アメリカの明白な運命のもっと露骨な側面は言うまでもなく，軍事力であり，「男らしさ」である（ダワー 2017：16）。ルースのメッセージの内容は「家父長主義的で，恩きせがましく，ご都合主義と偽善に満ちて」いるのである（ダワー 2017：138）。

　ダワーの原著はトランプ政権誕生前に入稿されたため，トランプ政権に関するダワーの所見をいち早く知る特権を日本語版の読者は得ることになった。少し長くなるが引用しておこう。「現在の我々にとって極めて危険なことは，トランプ個人ではなく，むしろ彼を世界の全般的状況のバロメーターとしてみることができるという事実である。トランプの不寛容性と『アメリカ・ファースト』の愛国主義は，国際主義の拒否と，世界的に見られる民族間，宗教間の憎

悪，愛国主義的な憎悪と完全にマッチしている」。アメリカは「軍事化と世界的規模での非寛容性と暴力行使に競って積極的に加担してきた」。この「アメリカは，常に，偏狭な行為，人種偏見，被害妄想とヒステリーを生み出してきた。ドナルド・トランプのような扇動政治家で残酷な軍事力を重要視する人物は，こうした状況でこそ活躍するのである」（ダワー 2017：ix）。

このような「世界の全般的状況」とどう向き合うのか。本書に収められた論考は，暴力・国家・ジェンダーの3つのうち，まずは1つにフックをかけ，もう1つの項目にもフックをかけることを試みることで，全体として，暴力・国家・ジェンダーという問題系，プロブレマティークに迫ることをめざした。考察の対象は多様で，思想史・政治史・現代思想・比較政治学と，専門・方法論も異なっており，それぞれの論考が独立した論文という性質をもっている。各論文のすみずみまで丁寧に読み解く作業は読者に委ねることとし，ここでは，各章がどのようにフックをかけているのか，そこにフォーカスし，整理してみよう[1]。やや恣意的な切り取りになるがお許しいただきたい。

第1章の鳴子博子「ルソー的視座から見た1792年8月10日の革命——国王の拒否権と民衆の直接行動をめぐって——」は，歴史学の視座とは異なるルソー的視座から1792年8月10日の革命を捉え直す。ルソー的視座とは，『社会契約論』で展開された政治構想の根幹に置かれる人民集会の理論・思想の視座である。人民集会とは，それまでの国家，社会の奴隷であった自身の軛を振りほどく必要に目覚めた人々が，自発的に各自の意志を携えて一カ所に参集し，建国の法を定める立法集会であり，それを行うことが国家創設の不可欠の礎となる。さらに，人民集会は国家創設時に限られず，政府（行政官）の意向に左右されることなく定期的に開催されなければならない。1792年6月，宣誓忌避僧侶の追放に関するデクレと，連盟兵の首都パリへの配備に関するデクレに対して国王ルイ16世が拒否権を行使したことに端を発する6月20日のデモから，8月10日の蜂起に至るプロセス全体の中で，7月14日のバスティーユ占拠記念連盟祭に鳴子は注目する。1790年以降，毎年繰り返し全国各地から自らの意志で祭の会場であるシャン・ド・マルスに足を運ぶことは，定期人

民集会とは言えないけれども，民衆が軛の振りほどきを始めた7月14日の意味を確かめあう集会であるとは言える。オーストリア・プロイセンとの戦争のさなか迎えた92年の連盟祭は，拒否権の撤回をせず，革命に従わない宣誓忌避僧侶を国内に留め置き，首都パリに革命を守る連盟兵の配備を認めない国王の権力と民衆の力が激突すること止むなしとする人々の意志と力となって現れ出た。このような意志と力が，法の上にあるものの力（王権）の振りほどきを完了させるに至る。チュイルリ宮殿を陥落させ，王権を廃止した8月10日の革命の勝利は，1792年7月14日の人々の意志と力，連盟兵とパリの民衆によってもたらされたのである。ただし，これによって人々を縛る軛の一部をほどきはしたが，「戦争状態」を終わらせるものではなかったのである。

　『社会契約論』でルソーが描く人間が，孤独な森の生活ではなく，社会へと戻っていったように，前近代的な束縛から解放され，啓蒙によって近代的自我に目覚めた「新しい人々」が「倫理的エゴイズム」の説く無我同胞の境地によって再び共同性を回復し，新しい形で共生的な社会生活に戻っていくことを示したのがチェルヌィシェフスキーである（大矢温「チェルヌィシェフスキーと小説『何をなすべきか』――『革命的民主主義者』の女性論――」(第2章)）。このようなチェルヌィシェフスキー像は従来のものと異なる。ソヴィエト史学による革命的民主主義者，ロシア革命思想史における，民主主義と社会主義が不可分のものとされた時代の代表的思想家との位置づけを批判的分析の俎上に載せる必要があると大矢は述べる。チェルヌィシェフスキーは農奴制改革の議論において，勤労者農民の立場から私有財産制と自由主義経済を批判し，これに対抗するメカニズムとして共同体的土地所有と組合型の工場経営を提示した。このメカニズムを「社会主義」ということもできる。しかし，チェルヌィシェフスキーの「社会主義」は革命的変革を必要とせず，経済的にも政治的にも現行秩序とも共存可能である。したがって，暴力的な政府転覆や非合法的組織活動を「革命」と呼ぶなら，チェルヌィシェフスキーは革命家というより「平和なジャーナリスト」である。大矢によれば，チェルヌィシェフスキーがものした小説『何をなすべきか』は，革命家同志に向けられた「活動の綱領」というよ

り，一般公衆に新しい生き方を示す，生活の啓蒙書として再読されるべきである。新しい人々の生き方とは，「理性的エゴイズム」に裏打ちされた人間関係，男女の在り方である。「理性的エゴイズム」は他者の幸福を自らの幸福と感じ，他者の幸福を合理的に追求する倫理観である。西洋近代における啓蒙的個人主義が弱肉強食の自由競争経済をもたらしたことへの批判的反省の上に「倫理的エゴイズム」は成立し，同砲団による共同体的経済活動という，近代を超える「社会主義」的な地平を拓く。「理性的エゴイズム」は，近代個人主義によって共同体的紐帯を失った人類が，「原初的状態」たる共同性を回復する契機となる。『何をなすべきか』が示すのは，近代性を克服した「新しい人々」が営む共生のあり方，女性の生き方なのである。

　それでは，自由競争経済のセンターとなったイギリスではどのような思索が重ねられてきたのだろうか。前原直子は「アダム・スミス，J. S. ミル，J. M. ケインズにおける人間の幸福論と国家論——イギリスの政治経済学説と国家——」（第 3 章）において，人間の「生命」の維持・再生産→「生活」の維持・再生産→「自己実現」の達成という，人間各人の〈生命力の発展プロセスの 3 段階論〉という前原独自の視点から，イギリスの政治経済学史上，天才と称されるアダム・スミス，J. S. ミル，J. M. ケインズが，いかなる経済理論装置と国家政策によって人間の幸福を実現しようとしたのかを考察する。スミスは，利己心を発揮する大多数の人間（合理的経済人）の仕事と，自らの生命と社会的・国家的利益の増大のために利他心＝公共心を発揮する有徳の少数の人が携わる職務としての政府＝国家との社会的分業体制の構築を企図していた。政府の職務の一つである司法は，暴力社会の実現可能性を否定し，安全，安心な環境を提供することを強調した。しかし産業革命以後の政治的経済的矛盾はスミスの期待を裏切ることになる。そこで，ミルは，株式会社制度の普及・発展と経営組織改革によって労働者が人間的に成長し，利己心を発揮することが利他心＝公共心の発揮に結実すると考えた。したがって，国家の重要な職務は，会社法を改正し「会社成立の自由」を実現することにあると述べた。大戦とその後の大不況に直面し，個人の「生命」の大切さを実感したケインズは，

雇用を創出することによって，国民の生命を積極的に生かし，その生命力を高めて社会に貢献する存在へと育成するのが政府＝国家の役割であると考える。少子高齢社会となった日本では，労働分配率低下，企業利益追求を志向する新自由主義政策・金融緩和政策が採用されている。福祉国家の将来像を描く際，イギリス政治経済学史上の天才たちの幸福論を参照することの今日的意義を前原は確認している。

　イギリスの国民性は個人主義と政治的天才とからなり，道徳原則と政治的便宜をドラマティックにではなく結びつける政治的天才は，エドマンド・バークに典型的に現れていると指摘したのが，国際政治学者モーゲンソーである（高橋和則「エドマンド・バークを読むモーゲンソー」（第4章））。高橋は，初期モーゲンソーが，平和と秩序を具体的に追求する政治思想家としてバークを読解することに集中したことを明らかにし，東西冷戦の黎明期という時代がモーゲンソーを規定しているという地平に彼の思索をとどめおくのではなく，その普遍的要素に光を当てる。『フランスの国情』におけるバークは，モーゲンソーにとって勢力均衡論者である。だが，単なる勢力均衡論者であることを越え，勢力均衡による国際秩序を擁護し，そのような国際秩序理論を示した。なぜなら「改宗の精神」に支えられ「普遍的君主制」による支配が，諸国の独立をもたらす国際秩序を脅かしているとみなしたからである。勢力均衡に基づく国際秩序の擁護と，バークのリーガリズム批判との間には論理的一貫性が認められる。モーゲンソーは，国際紛争を法的に解決しようとするリーガリズムを批判する。法的に解決を試みることは，一方の当事国の利益を正とし，他方のそれを邪とすることを意味しており，紛争が悪化こそすれ，平和や秩序という一般利益には結びつかないからである。アメリカ植民地人に対して本国政府が人身保護令の停止という懲罰的制裁を課すことにバークは反論した。国家が死活的利益の所在をみきわめ，妥協と融通によって平和への処方箋を示すことに外交の役割・意義を見出した思想家の一人がバークにほかならないとモーゲンソーの目には映る。平和の維持に接近するためには，自己の「野望」（バーク）＝「権力欲」（モーゲンソー）を認識し抑制することが肝要である。18世紀に確立

した合理主義哲学が今日まで変化していないがゆえに，権力欲が人間の本質であるとし，勢力均衡の構造・機能をふまえ，政策を提示したバークにモーゲンソーは着目したのである。

　利己心と利他心＝公共心の関係性を問うた政治経済学，主権国家間の紛争解決，国際秩序の構築に迫ったバーク／モーゲンソーは，アガンベンの〈国家〉をめぐる思索（遠藤孝「アガンベンにおける国家」（第5章））のなかで，どのように捉え返されるだろうか。アガンベンによれば，生が「生きること（ゾーエー）」と「よく生きること（ビオス）」に分割されていることが西洋政治の基礎にある。古代ギリシアにおいて「生きること（ゾーエー）」は都市（国家）から排除されていたが，この排除とは同時に包含することであり，生は政治の場に全面的にとらえられ，生が政治の賭け金になる。これは〈オイコスのポリス化〉につながる。オイコスという形象がグローバルな経済管理の絶対的空間としての世界となり，オイコスがグローバリゼーションによって拡大し，地球上でオイコスではない場所はなくなる。それでも政治化の極としての国家は残り続けている。ここに，〈ポリスのオイコス化＝オイコスのポリス化〉という事態が出現する。生が全面的に政治の場にとらえられ，生は恒常的に内戦の可能性に向き合わされる。アガンベンは，解体されたマルチチュードが統一されていないマルチチュードに戻ろうとする企てが内戦であるとする。内戦は可能なもののまま国家と共存しており，内戦を現実化させずにマルチチュードを解体されたままにおくために必要なのが「装置」である。この装置の一つがオイコノミアで，オイコノミアとは「人間の振る舞い，身振り，思考を，有用だとされる方向に向けて運用・統治・制御・指導することを目標とする実践・知・装置・制度の総体」のことである。現在ではエコノミーからエコロジーまで，外交，軍事政策，内政上の警察まで，結果を統治する能力がセキュリティであるとされる。セキュリティ国家のもとで，市民は脱主体化され，脱政治化され，警察が主権化することで，法の確実性は失われる。

　アガンベンによれば，都市（国家）のなかには解体されたマルチチュードが存在するものの，代表（表象）されない人民－王は都市（国家）のなかに居場

所を持てない。遠藤が取り上げたアガンベンの論考の一つ「法治国家からセキュリティ国家へ」は，2015年11月の「パリ同時多発テロ」と，その直後の緊急事態発令をうけて執筆されたものである。フランス第五共和制が誕生して60年の節目の年となった2018年，燃料税増税への異議申し立てとして始まった「黄色いベスト運動（Mouvement des Gilets jaunes）」は代表されない者による異議申立であり，アガンベンの顰みにならえば，解体されたマルチチュードが統一されていないマルチチュードに戻ろうとする企て＝内戦であり，統治を担う制度の問題の前景化とすることができるかもしれない。中島康予「選挙の同期化による『コアビタシオン』回避と第五共和制——半大統領制とデモクラシー——」（第6章）は他の諸章とは異なり，比較政治制度論，言説的制度論に依拠して象徴的暴力を含む暴力の縮減／増幅を左右するデモクラシーの両義性に迫る。2002年の憲法改正によって大統領選挙と国民議会議員選挙の同期化，前者が後者に先行する選挙日程の制度化がなったことで，責任帰属の明確性が高まり，フランスの半大統領制の「大統領制化」が進んだことを確認する。このような変化を経た制度の特性をふまえた言説的コミュニケーションが，暴力の縮減や増幅を規定する要因の一つになっていると指摘する。

　沖川伸夫「相模原市県立高校設置促進運動にみる一断面——婦人学習グループと河津市政の連携——」（第7章）は，工業化・都市化の進展によって人口が急増し，都市の基盤整備などの諸問題に直面することになった神奈川県相模原市において，婦人学級・婦人学習グループの活動と，河津市政という2つの経路が合流し，県立高校の増設がなったプロセスを丁寧に追う。新たに転入してきた女性のニーズに応える学びの機会として公民館を活用した婦人学級が増加する。また婦人学級修了者が学びを継続するための婦人学習グループが相次いで誕生した。婦人学習グループが扱うテーマは，生活と結びついた実践的課題から政治問題まで多岐にわたっている。これらの活動を「相模原方式」と呼ばれた委託金制度が財政的に保障したのである。このような婦人学級・婦人学習グループの活動を基盤に，住民運動が発展し，1974年には「相模原・高校増設連絡協議会」が結成されるに至る。他方，1965年から1977年まで市長を務

めた河津勝は「保守」系政治家であり，米軍基地返還運動では市民の先頭に立つ経験を積み重ねていた。このような市民と行政の協働によって問題を解決するという流れをたどると，革新自治体を牽引した横浜市の飛鳥田市政の政治手法と重なる部分がある。また，このような女性たちの公民館活動の歴史的意義は他の同様の事例にも認められる。原水爆禁止運動の署名活動のきっかけをつくった，杉並区の公民館を拠点にした読書サークル「杉の子会」の女性たちの活動，国立市の「文教地区」指定運動を契機に，公民館で学び合う「火曜会」という女性サークルが生まれ，そこで町の問題に目覚めた女性が町政に進出したといった事例である。また，沖縄をめぐる基地問題にも通じる側面があり，「民主主義の危機」が叫ばれ，そのつかまえ直しが求められる今日，女性たちの求める地域課題の解決をめざした取り組みの歴史的意義は失われていないと沖川は述べている。

　このように各章を整理してみると，デモクラシーという思想・運動・制度にもフックをかけ，「市民社会ならびに民主主義の実践に及ぼす打撃」（ダワー）について思索を重ねる必要があるように思われる。

　最後に，チームに所属されていない多くの方々に公開研究会・シンポジウムにおいてご講演いただいた。ご報告のテーマ（氏名の50音順，ご所属等は報告当時のもの）とともに紹介したい。ご報告をわたしたちの研究にどのように活かすことができたのか，やや心許ないところもあるが，あらためて感謝申し上げたい。また，研究会の開催・共催を可能にしてくださった中央大学経済研究所，研究所合同事務室，関係者の方々，本チームの中核的・実質的コーディネーターであった鳴子博子研究員にこの場を借りて御礼申し上げる。

岩本美砂子 氏（三重大学人文学部教授）
　「日本の女性大臣について（政務次官・政務官・副大臣を含む）」
太田仁樹 氏（岡山大学名誉教授）
　「カール・レンナーの属人的（非領域的）民族自治論と二元的国家構想」

押田信子 氏（横浜市立大学大学院都市社会文化研究科共同研究員，中央大学経済研究所客員研究員）

「戦時下における女性アイドルの慰問活動―軍部発行・監修の慰問雑誌2誌から見た慰問に関する考察」

河上睦子 氏（相模女子大学名誉教授）

「共生社会への模索―『共食』論をめぐって」

菊池理夫 氏（南山大学法学部教授）

「コミュニタリアニズムとコスモポリタニズムをつなぐ『住民』」

武智秀之 氏（中央大学法学部教授）

「人口減少時代の福祉とデモクラシー」

棚沢直子 氏（東洋大学名誉教授）

「私の思想の軌跡・その方法・その展望―『母であることをどう考えるか』から出発して」，「フランスの女性思想―ボーヴォワール，クリステヴァ，イリガライを中心に」，「力関係の起源としての世代」

西海真樹 氏（中央大学法学部教授）

「構造的暴力としての言語政策：琉球／沖縄の言語をてがかりとして」

原千砂子 氏（桐蔭横浜大学法学部教授）

「再生産における女性主体と暴力」

土方直史 氏（中央大学名誉教授，中央大学経済研究所客員研究員）

「フランシス・ライトのフェミニズムの背景としてのスコットランド啓蒙思想―ジョン・ミラーの女性史論を中心にして」

平野千果子 氏（武蔵大学人文学部教授）

「ナポレオンと植民地―反乱・奴隷・女性」

福島都茂子 氏（宮崎産業経営大学法学部教授）

「フランスの家族政策の歴史―1930年代から第二次大戦後まで」

堀川祐里 氏（中央大学大学院経済学研究科博士後期課程院生）

「戦時期日本における既婚女性の就業環境」

山本健三 氏（島根県立大学北東アジア地域研究センター研究員）

「近代ロシアの言論とナショナリズム:著書『帝国・〈陰謀〉・ナショナリズム』について」

1) 各章からの引用について引用符を付すことは煩瑣になるため,適宜省略することも合わせてお許しいただきたい。

引用文献

Dower, John W. 2017 *The Violent American Century: War and Terror since World War II* ＝ 2017 ジョン・W・ダワー（田中利幸訳）『アメリカ　暴力の世紀——第二次世界大戦以降の戦争とテロ』岩波書店。

2019 年 8 月 15 日

編著者　中　島　康　予

目　　次

はしがき

第1章　ルソー的視座から見た1792年8月10日の革命
　　　　──国王の拒否権と民衆の直接行動をめぐって──

鳴 子 博 子

はじめに──8月10日の革命と軛の振りほどき………………… 1
1．8月10日以前 ………………………………………………… 4
2．8月10日の革命の現場 ……………………………………… 10
3．8月10日の革命の捉え直し──人民集会と連盟祭 ……… 18
おわりに──王権の振りほどきは戦争状態を終わらせたのか ……… 23

第2章　チェルヌィシェフスキーと小説『何をなすべきか』
　　　　──「革命的民主主義者」の女性論──

大 矢 　 温

はじめに ……………………………………………………………… 27
1．「チェルヌィシェフスキーの時代」と女性論 ……………… 28
2．チェルヌィシェフスキーと雑誌『現代人』………………… 30
3．チェルヌィシェフスキーとその影響 ……………………… 36
4．小説『何をなすべきか』……………………………………… 39
おわりに ……………………………………………………………… 45

第3章　アダム・スミス，J.S.ミル，J.M.ケインズにおける人間の幸福論と国家論
　　　　──イギリスの政治経済学説と国家──

前 原 直 子

はじめに ……………………………………………………………… 51

1．アダム・スミスにおける人間の幸福論＝
　　〈生命力の発展プロセスの３段階論〉と国家論 …………………… 53
　2．J.S.ミルにおける人間の幸福論＝
　　〈生命力の発展プロセスの３段階論〉と国家論 …………………… 62
　3．J.M.ケインズにおける人間の幸福論＝
　　〈生命力の発展プロセスの３段階論〉と国家論 …………………… 74
　おわりに ………………………………………………………………… 86

第4章　エドマンド・バークを読むモーゲンソー
高 橋 和 則

　はじめに ………………………………………………………………… 93
　1．『フランスの国情』と勢力均衡 …………………………………… 95
　2．『和解決議演説』とリーガリズム批判 …………………………… 99
　3．『同盟国の政策についての所感』と権力欲 ……………………… 104
　おわりに ………………………………………………………………… 110

第5章　アガンベンにおける国家
遠 藤　　孝

　はじめに ………………………………………………………………… 115
　1．アガンベンの問題意識 …………………………………………… 116
　2．内　戦 ……………………………………………………………… 118
　3．装　置 ……………………………………………………………… 128
　4．セキュリティ国家 ………………………………………………… 131
　おわりに ………………………………………………………………… 138

第6章　選挙の同期化による「コアビタシオン」回避と第五共和制
　　　　──半大統領制とデモクラシー──

中 島 康 予

　はじめに …………………………………………………………… 143
　1．半大統領制の多様性とコアビタシオン ……………………… 147
　2．コアビタシオンにおける責任帰属 …………………………… 150
　3．選挙の同期化とデモクラシー ………………………………… 156
　おわりに …………………………………………………………… 161

第7章　相模原市県立高校設置促進運動にみる一断面
　　　　──婦人学習グループと河津市政の連携──

沖 川 伸 夫

　はじめに …………………………………………………………… 167
　1．都市化とともに進展する婦人学級・婦人学習グループ …… 169
　2．婦人学級・婦人学習グループから住民運動へ ……………… 171
　3．河津市政の高校増設問題への取組み ………………………… 174
　4．「市民総ぐるみ」運動の計画と準備進捗状況 ………………… 175
　5．県立高校設置促進市民のつどいと署名運動 ………………… 179
　おわりに …………………………………………………………… 183

第 1 章
ルソー的視座から見た1792年8月10日の革命
―― 国王の拒否権と民衆の直接行動をめぐって ――

鳴 子 博 子

はじめに ―― 8月10日の革命と軛の振りほどき

　1789年の2つの民衆の直接行動を分析した拙稿「フランス革命における暴力とジェンダー――バスチーユ攻撃とヴェルサイユ行進を中心に」(鳴子, 2018b) に続く本章の課題は, 1792年8月10日の革命の現実に接近, 分析した上で, それをルソー的視座から捉え直すことにある。前稿の分析視座はルソーの「革命」概念および性的差異論であったが, 本章では, 拙稿「ルソーの『ポーランド統治論』から見たヨーロッパ政治秩序――ポーランドとフランスの拒否権を対比して」(鳴子, 2019) で参照点とした拒否権が分析の軸となる[1]。

　分析対象となる時期は1789年10月のヴェルサイユ行進後から, 王政の倒れる1792年8月までである。周知のように, 革命史は8月10日の革命を第二革命と呼び, 「1000年にわたる王政が転覆された」出来事と捉えるが, 本章は歴史学のそれとは異なるルソー的視座からこの革命を捉え返してみようと思う。

　拙稿 (鳴子, 2018b) では, 2つの暴力行使の向かう対象の違い, 発生時期のズレ, 行使される暴力の質の相違をめぐって分析を進め, バスチーユ攻撃を, 先に能動化し「軛を振りほどき」始めた男性たちによる権力の獲得を目指した暴力行使, ヴェルサイユ行進を, 遅れて受動から能動に転じた女性たちによる家族に食べさせるパン (食料) の確保を求めた暴力行使と捉えた。それでは同

じく民衆の直接行動である8月10日の革命はどのように捉えられるだろうか。起点の問いとして，どのような人びとが何を求めてどのような暴力行使となったのか，『社会契約論』冒頭にいう「軛の振りほどき」は完了したのか，という問いを掲げておきたい。

　ところで，1792年は日本では寛政4年，江戸中-後期の老中松平定信（十一代将軍家斉）時代に当たる。15,000人もの死者，行方不明者を出した火山災害「島原大変肥後迷惑」が5月に起り，エカチェリーナ2世の命を受けたロシア使節ラクスマンがロシアに漂着した大黒屋光太夫らを護送して根室に来航，通商を要求したのは9月2日のことであった。9月2日は後述のように，パリで九月虐殺が開始された日に当たる。現在から230年近く前のパリの人々の置かれた緊迫した状況を肌で感じ取ることは，私たち現代人にはそれほど容易なことではない。それゆえ当時のパリの状況に接近する手がかりとして，ギタールという名のブルジョアの8月29日の日記を見ておくことにしたい。この日はパリ中の家屋に対して家宅捜索が行われた日である。長くなるが以下に引用する（Guittard, 1974：173-175=1980：113-114）。

　　八月二十九日　水曜日　晴れ。
　　　夜を徹してパリ中の家屋の厳重な家宅捜索が行なわれた。チュイルリー宮殿における大虐殺が行なわれた八月十日以来，パリの市門はすべて閉まったままだ。いまではパリ市民は市外に出ることはできず，通行証を手に入れるのも容易なことではない。八月十日の革命の数日後には，宣誓拒否司祭の追放があった。拒否司祭は各地で捕えられてカルメル監獄に収容された。この二十七日になっても，パリはいぜん危機にあるという噂が流れていた。
　　　きょう二十九日にはまた怖ろしい噂がひろまった。非常事態のため集合せよ，という通達が掲示で全区(セクシオン)に伝えられた。午後八時には，各区(セクシオン)は六〇～八〇名の委員を選出せよ，との市の指令が届いた。私も出頭した。指令の内容は，パリの全家庭は終夜明りをともし，十一時には全市民が帰宅し

て，路上に人っ子ひとりいない状態にしておくこと，各家々はドアを開け放し，どの家にもノックなしに自由に出入りできるようにしておく，というものである。選出された委員は，全員，さながら軍の将校のように武装して，命令を受けるべく，それぞれの委員会に集合した。

　十時，全市民に帰宅を促す合図の太鼓が鳴りひびいた。各道路の入口には軍隊が配置につき，班にわかれた兵士たちが明りのついた家々のあいだの道路をあちこち縦横に歩きまわった。十一時，委員は二名一組になって大勢の護衛にまもられて各家屋の地下酒倉から屋根裏部屋まで捜索し，銃砲から刀剣類まであらゆる武器を押収した。隠れていた宣誓拒否司祭が多数逮捕され，カルメル監獄に連行された。このようにして容疑者はすべて逮捕され，隠されていた武器も多数押収された。捜索は終夜行なわれ，翌日正午まで続いた。身を隠す術はまったくなかった。たとえば，ある者の家に捜索員が赴き，家人がいなかったり，ドアを開けなかった場合には，その家に封印がはられた。

　今回の捜索はパリ中に不安を投げかけた。人々の表情は暗かった。パリの道路をねずみ一匹走っても聞こえるぐらい街は静かだった。捜索隊は静かに行進し，話声もたてなかった。異様なほどの静寂。すべては物音ひとつ立てずに行なわれた。

　こうして，この夜は異様な不安のうちにすぎていった。ノックされたらすぐドアを開けなければならないので，誰も寝ることもできなかった。捜索の目的は容疑者から武器をとりあげることにあった。そこで，もっとも疑わしい家家だけが捜索の対象になった。ところが，翌日になってもまだ捜索は終わらなかった。というのは，ひっきりなしに区（セクシオン）の委員会に密告があり，そのつど委員が，名指しで通報のあった家へ踏みこんで行ったからだ。異常だが，同時に賢明な作戦である。これが祖国の敵を一網打尽に捕え，武器を没収する唯一の方法だった。

さて，日記の筆者ギタールは，日々長い日記を認めていたわけではなく，気

温，天候に一,二文のみという日も多い。たとえば，前々日の8月27日は，天候の記録に加えてわずか一文で終わっている。歴史的な日である8月10日でさえ，短くはないが，全体で29日の三分の一程度の量に留まっている。では，なぜ29日の記述がこれほど長くなったのか。それはギタールがこの日のパリの家宅捜索を新聞で読み知ったのでもなく，他人からの伝聞でもなく，この大捜索を本人の生活圏で，捜索を受ける当事者として緊張のうちに直に味わった点が大きいだろう。8月29日は，8月10日の蜂起からは二週間以上経過し，パリの監獄に収監されていた囚人を殺害するとともに宣誓忌避僧侶を監獄やパリの街頭で殺戮した九月の虐殺の始まる4日前に当たる。ギタールは民衆の「行き過ぎた」暴力行使に嫌悪を感じ，批判のまなざしを向けてきたブルジョア，年金生活者であったが，自らを含むパリの住人の不安，恐怖，街中の異様な静寂さを活写しつつも，この家宅捜索が「容疑者から武器をとりあげる」目的に合致し，密告に基づく捜索に対してさえ「異常だが，同時に賢明な作戦である。これが祖国の敵を一網打尽に捕え，武器を没収する唯一の方法だった」と綴っていた。誰もが不安の中で眠れぬ夜を過ごしたのは，すでに王権が倒れた後であった点に留意して，こうした状態はルソー的視座からはどのように捉え返されるだろうかという問いを記憶に留めつつ「はじめに」を終えたい。私たちは8月末から時計の針を戻して，8月10日の直接行動の現場を分析するが，まずは8月10日が準備される1792年6月から始めることにする。

1．8月10日以前

拙稿（鳴子，2018b）に引き続き，フランス革命史家ゴデショの『フランス革命年代記』の記述を確認することから始めることにする。6月11日はごく短い記述であるが，重要な論点が含まれている（Godechot, 1988：105=1989：82）。

　　6月11日：ルイ十六世が非宣誓司祭の流刑に関する5月27日のデクレおよびパリにおける連盟兵露営地設置に関する6月8日のデクレに拒否権

を発動した。内務大臣ロランは，国王に対して慇懃な書簡を書き，拒否権発動に抗議した。

ここには，議会ですでに決議された2つの重要なデクレ——宣誓忌避僧侶の追放に関するデクレと連盟兵の首都パリ配備に関するデクレ——に対して国王が拒否権を行使したこと，さらに国王の拒否権発動に対して書簡によって内務大臣ロランが抗議したことが記されている。

まず宣誓忌避問題について。王権を支えそれと癒着してきたカトリックと革命との関係をどう折り合わせるかという大問題への対処は，十分の一税や土地財産収入の廃止，つまり教会の財源の廃止，没収となって1789年に開始されたが，僧侶をどう処遇するかも大きな課題であった。国王の拒否権発動までの大まかな事態の推移をゴデショの年代記の記載から略年表風に列挙すると以下のようになる（Godechot, 1988：81-104=1989：59-81）。

① 1790.7.12［議会］憲法制定議会が聖職者世俗基本法を議決
② 1790.12.26［国王］ルイ十六世が聖職者世俗基本法を裁可，宣誓を聖職者に厳命
③ 1791.3.10［教皇］教皇ピウス六世が『小教書』で 聖職者世俗基本法および人権宣言を弾劾
④ 1791.4.13［教皇］ピウス六世が新教書で再び 聖職者世俗基本法を弾劾
⑤ 1792.5.27［議会］立法議会が非宣誓僧侶の国外追放を可能とするデクレを議決

とりわけ重要な点を確かめてゆくと，①で議会は僧侶を国家から俸給を受ける公務員とし，彼らに国民，法律，国王への忠誠と憲法護持の宣誓を命じたが，これにより僧侶は宣誓・非宣誓に二分された。③の教皇の弾劾によって宣誓僧の宣誓取り消しが相次ぎ，僧侶の分裂がさらに深刻なものとなった。⑤で議会はカントン（小郡）の能動的市民20名の要求があれば，宣誓忌避僧侶を

国外追放できると決した。こうして，フランス全土を激震させた教会，僧侶問題に対して議会と国王との間の妥協がもはや困難となり，対立が決定的となったのが 6 月 11 日の国王の拒否権行使であったとひとまず言うことができる。

次に連盟兵の首都配備について同じく拒否権発動に至る事態の推移はどうであったか（Godechot, 1988：93-105=1989：73-82）。

① 1791.8.27［欧州の君主］レオポルト二世（墺）とフリードリッヒ・ヴィルヘルム二世（普）がピルニッツ宣言を発する
② 1792.4.20［議会と国王］立法議会が宣戦布告を国王に提案，フランツ二世（墺，ただし，その時点では皇帝即位前でボヘミア・ハンガリー王）へ宣戦布告
③ 1792.5.29［議会］議会が国王の近衛兵 6,000 名の解雇を決定
④ 1792.6.8［議会］議会が連盟兵 2 万人徴募とパリ駐在を決定
⑤ 1792.6.9［能動的市民］パリの能動的市民 8,000 名が連盟兵露営地設置反対の請願に署名

まず，以上の推移を理解する前提として，議会は国王一家のヴァレンヌ逃亡（1791.6.20-21）後，不都合な事実を糊塗し，国王逃亡を国王誘拐とみなし，王権を一時停止したのみですませ，王権との妥協を図り，同年 9 月に 91 年憲法を成立させたことを記しておかなければならない。そうした状況の中で，革命，反革命の緊張が高まり，戦争への道が準備されることとなった。①でオーストリアとプロイセンの君主が革命に対して緊急行動に出る可能性を警告し，②によって立法議会と国王ルイ十六世は，それぞれの思惑——前者はフランス軍の勝利，後者は外国軍の勝利——から戦争に突入する。③④で議会はパリを安全な軍隊によって防御するとともに，オーストリア・プロイセンとの戦争の前線に多くの軍隊，志願兵を派兵するための決定を下した。⑤で，パリの能動的市民は連盟兵への不信を背景にして請願署名に動いた。以上のように，議会と国王との間での力（軍隊・武力）の問題は，何によって誰／何を守るのかをめ

ぐって折り合うことの困難を露呈させた。力をめぐる対立は，6月11日には，議会を跨いで民衆が国王と力と力の直接対峙へと突き進まざるを得ない一歩手前まで達したと言えるだろう。ジロンド派内務大臣ロランの拒否権撤回を求める国王への働きかけの検討も必要だが，本章ではそこには踏み込まず，次にゴデショの記述から6月20日の民衆の直接行動に接近してゆこう（Godechot, 1988：105-107＝1989：82-83）。

> 6月20日：6月初めからの国王の態度によって，議会に支持されたパリ市民と宮廷との間の溝は深まる。6月20日に，ビール問屋サンテールSanterreに率いられたフォーブール サン タントワーヌ街のサンキュロットや，元公認仲買人アレクサンドルAlexandreの指揮に従うフォーブール サン マルセル街のサンキュロットは，議会内を行進し，テュイルリ宮殿に侵入した。国王に対し，拒否権行使を撤回させ，ジャコバン派大臣を再召喚させようとして，球戯場の誓い3周年を祝うことを主張。国王の居室内を行進すること，午後2時から10時までに及んだ。ルイ十六世は，やむをえず，赤いフリジア帽を被り，民衆の健康を祝してぶどう酒を1瓶飲んだが，デモ隊の要求には屈しなかった。
> 6月20日の「栄光の決起」の成果はおそらくなにもない。しかし，この日を境にして，国王も議会もどちらも支持されたわけではなく，必要とあらば，国王の廃位あるいは議会解散までデモをくり返すのはいかにたやすいことかが，パリの民衆の目にはっきりした。パリの民衆，その内実はフォーブール サン タントワーヌ街とフォーブール サン マルセル街のサンキュロットであるが，そのパリの民衆がフランスの主人であるかのように思われた。

ロラン大臣が国王の拒否権発動に書簡で抗議した翌日の6月12日，デュムリエ内閣のジロンド派大臣，すなわちロラン，セルヴァン，クラヴィエールの三名が国王によって罷免された。6月20日に関してゴデショは，2つの場末街

のサンキュロットの集団が議会から宮殿に侵入し，国王の居室内を異様に長い時間行進したものの，拒否権行使の撤回，ジャコバン派大臣の再召喚という彼らの要求をなんら国王に飲ませることができなかった一日を上掲のように簡潔にまとめている。この日，確かに武力衝突は起こらなかった。しかしこれは平和的な陳情と言いうるものなのか，より危険な暴力を伴った示威行動なのか。この日の民衆の直接行動の「性質」について私たちはもう少し把握しておく必要がある。「デモ隊」の装備内容はどうだったのか，具体的にはどのような人々の集団だったのか。先に紹介したギタールの日記は，この日のチュイルリーの緊迫した空気感をよく伝えているので，以下に見てみよう。彼はこの日がヴァレンヌ逃亡事件発生から一年であることをごく率直に記すことから始めている（日記の（　）内は訳者による補足）(Guittard, 1974：154-155=1980：102)。

　　　六月二十日　水曜日　気温15度。寒い。雨。
　　ちょうど一年前のきょう，王はひそかにモンメディ（ムーズ県，メッスの近く）に向かって出発し，ヴァレンヌで捕えられたのだ。
　　今日，二十日，フォブール・サン・タントワーヌ，フォブール・サン・マルソー（共に城郭外の工場の多い場末町）の三万〜四万におよぶ男，女，子供たちが，槍その他さまざまの恐ろしげな武器で身を固め，大砲をひいて，チュイルリー王宮および庭園に到着した。彼らは武装大集団となって王および王妃の居室に侵入した。指導者の一人アクロギーとかいう男（？）（アクロークという男は貴族義勇兵で，この時は群衆のなだめ役にまわった）が国民徽章のついた自由の象徴である赤い帽子を王にさし出し，民衆を喜ばせるためにこれをかぶって下さいと言って，笑いながら王の頭にかぶせた。別の一人が，国民の健康を祝して乾盃して下さいと言いながら葡萄酒の壜をさし出した。王はグラスもなしに壜からじかに飲んだ。
　　これはまさに一触即発の場面だった。ほんの一点の火の粉がたちまちパリに内戦の火を点じたであろう。たとえば，国民衛兵の一人が，場末町の労働者の一人をほんのちょっと小突いたり，傷つけたりしたら，労働者は

国民衛兵に襲いかかり，たちまち流血の惨事となったであろう。あるいはまた，労働者の一人が国民衛兵の一人を槍で傷つけでもしていたら，国民衛兵はその報復をめざし，これもまた行きつく先は虐殺であったろう。チュイルリー庭園にはそのとき，十万以上の市民と，三万以上の国民衛兵，第一線部隊兵士がいたのである。（後略）

　ゴデショの記述には触れられていなかったデモ隊の装備，集団の態様について日記は槍などの武器を携帯し，大砲まで引いていたこと，男たちだけでなく女や子どもが含まれていたことを記す。日記には三つの集団の自筆スケッチが添えられている。ドゥコーによれば，この三つの集団は，第一がサンテールに指揮され銃剣やサーベルで武装した場末街の労働者の集団，第二が槍や棒切れをもった人々の集団，第三が女闘士テロワーニュ・ド・メリクールを隊長とするぼろをまとった人々の集団に分かれていたという（Decaux, 1972：493=1980：147-148）。日記の筆者は，差し出された瓶から国王がじかに葡萄酒を飲む場面を「一触即発の場面」だったと書き，上掲の引用の直後に（後略部分），「王は，最悪の事態に備えて，あらかじめ遺言状を作成していたという。幸運にも天の恵みにより，そのようなことはなに一つ起こらなかった。奇跡と言ってもよいだろう」と続けていた。他方，日記の編者オベールは，この日の危機を脱した国王がその二日後に声明を出していたこと，パリ参事会執行部がペチヨンとマニュエルの罪状を審議し始めたことを注記している。国王の６月22日の声明は以下のようである（Guittard, 1974：154=1980：104）。

　　フランス国民は，数名の叛徒に指嗾(しそう)された群衆が武器を手にして王宮に侵入したことを知るならば，苦々しい気持を抑えかねないであろう……王は脅迫と侮辱に対して，ひたすら自らの良心と国民の幸福を願う心でもって応えた……王政打倒をめざす者どもは，さらに罪を犯すことが必要だと思えば，あえてその罪を犯すがよい……。

攻防は続く。なお一筋縄ではいかぬ状況にあったと言えるだろう。いずれにしても，6月20日の直接行動に加わった集団の内実についてデモの計画段階も含めてさらなる接近が必要だろう。まず，確認しておくべきは6月20日の行動を準備したのはセクション総会である点である。この時期，セクション総会の構成員は能動的市民に限られており，デモを計画，推進したサンキュロットとは，商店主，親方，手工業者といった人々であった。では，より民衆的な人々，僅かなものしか持たない受動的市民はこの事件と無関係であったのかと言えばそうではない。セクション総会に「受動的市民の民衆が少なくとも傍聴者として参加していたことをうかがわせる」と柴田三千雄が書いているように，6月20日の行動は明らかに民衆に支持された事件であった（柴田，1988：232-235）。武器携行の有無に関しては，パリ市長ペチヨンの武器携行禁止の書翰がセクション総会で披露されており，穏当で合法的な「請願」が求められていた。それが実際には，武器不携帯で限定された人数の「請願」とはならず，武装した多人数の「デモ」となったのである。さらに，その後のセクションには際立った変化が見られた。7月下旬から8月初めにかけて総会の常時開催と受動的市民の地区集会への大量参加とが実現したのである（柴田，1988：236-238, Soboul, 1958：585-588=1983：213-216）。とすると，6月20日の直接行動は，受動的市民が日常的なセクション活動において確たるプレザンスを獲得する転換期，過渡期に起こった事件であったと言えるだろう。

2．8月10日の革命の現場

　8月10日の人々の直接行動の推移，経過をゴデショはどのように記していたか，まずは以下に引用する（Godechot, 1988：109-111=1989：87-88）。

　　8月10日：深夜警鐘が鳴らされる。サンテールの率いるフォーブール　サン　タントワーヌ地区住民とアレクサンドルの率いるフォーブール　サン　マルセル地区住民は，テュイルリ宮殿へ行進する準備を整える。

テュイルリ宮殿は，マンダ Mandat を指揮官として，スイス人連隊および ブルジョワ地区の国民衛兵によって警護されていた。マンダは，手助けのために，パリ市長ペチヨンと県総代レデレール Roederer を呼びよせる。しかし，ペチヨンは，午後 11 時から開会していた立法議会にただちにおもむき，ついで市庁舎に戻ってしまった。他方，レデレールは，国王一家のもとに止まったが，議場に退避するよう進言した（午前 3 時半）。

午前 5 時：場末街［フォーブール］の各セクションが，マルセイユとブルターニュの連盟兵を伴って，行進を開始。前夜には警護が厳しかったポンヌフの上で合流した。警備に当たっていた部隊はすでに撤退し，大砲は撤去されていた。

午前 6 時：蜂起者はカルゼル Carrousel 広場にさしかかる。市庁舎では，各セクションから 3 名の委員が出て，「蜂起コミューン Commune insurrectionnelle」を組織した。

午前 6 時：マンダが市庁舎に召喚される。テュイルリ宮殿の警備隊は司令官を欠いて，統制を失った。

午前 9 時：蜂起コミューンはマンダを逮捕する。マンダは市庁舎からアベイ監獄に連行される途中で射殺される。蜂起コミューンはマンダに代えてサンテールを司令官とする。

午前 10 時：国王は，国民衛兵を閲兵するためにテュイルリ宮殿の中庭に降りる。国民衛兵の大多数は「国民万歳」を叫ぶ。国王は，テュイルリ宮殿も安全でないことを知る。国王は，家族とともに議会に向かうことを決意した。しかし，宮殿の護衛兵に射撃停止の命令を出さなかった。

午前 10 時 30 分：国王が出発すると，宮殿の門がこじあけられ，蜂起者が宮殿に殺到した。銃撃戦が起きる。国王はスイス人連隊に射撃中止を命じるが，すでに遅かった。スイス人連隊に対する殺戮が開始され，スイス人連隊と同じ肋骨様紐飾りのある赤い軍服を着たフランス竜騎兵も多数殺される。死傷者はおよそ 1000 名，そのうち 600 名は宮殿の護衛兵であった。

正午：テュイルリ宮殿は征服され陥落した。

　午後1時：蜂起コミューン議長ユグナン Huguenin は，蜂起者の意向を議会で陳述するために議会におもむく。議会（議員は100名あまりに減っていた）は，国王の権限の一時停止と監禁を布告し，普通選挙制（しかし，立法議会と同じく二段階制）によって選出される「国民公会 Convention」の召集を布告する。アメリカをモデルにしてこう呼ばれる国民公会は，フランスに新しい憲法をもたらすことになる。

　午後6時：国王一家は，議場に一時監禁される。

こうして，ブラウンシュヴァイク宣言と国王およびその大臣の優柔不断によって引き起こされた怒りのために，1000年にわたる王政が転覆された。パリコミューンは首都を制圧し，フランス全体を強力に支配しようと努めることになる。

　まず，パリ中に鳴った警鐘は何を意味していたのか，そしてその時刻はなぜ8月9日から8月10日へと変わる深夜だったのか。そのおよそ10日前の7月末，モーコンセイユ・セクションは国王の廃位を決議し，パリ中のセクションに対して立法議会に向けて8月5日に示威行進を行い廃位の請願を提出するよう呼びかけた。廃位の請願自体は48セクション中47セクションの賛成が得られたものの，8月5日の行動については賛否が分かれた。そのため，8月5日の示威行進は行われなかったが，フォーブール・サン・タントワーヌの所属するキャンズ＝ヴァン・セクションは8月9日を期限として請願書の確答を求め，それが果たされないときには自ら挙に出ると定めた。8月9日夜，議会はなんの決定もなすことなく閉会した。このことを受けて深夜に警鐘が鳴らされたのである。

　次にゴデショの記述に登場するパリ司令官マンダ，パリ市長ペチヨン，セーヌ県総代レデレールの三者の立場，行動はいかなるものだったか，事態の変化とその意味を把握するために，整理・補足をしておきたい。

第1章　ルソー的視座から見た1792年8月10日の革命　13

図1-1　革命期のパリ市街図

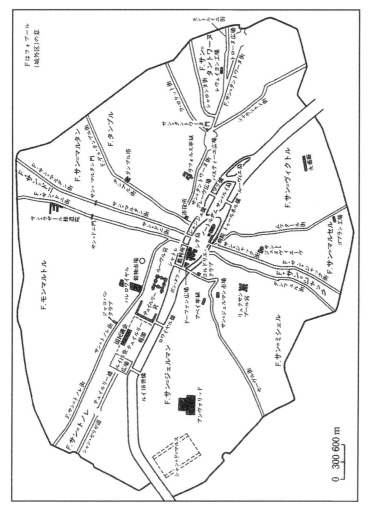

出所：フランソワ・フュレ/モナ・オズーフ（河野健二、阪上孝、富永茂樹 監訳）『フランス革命事典』2、みすず書房、1995年、xxxiv

［パリ司令官／チュイルリ宮殿指揮官マンダの動き］
ペチヨン，レデレールを召喚→自身が市庁舎に召喚される→蜂起コミューンに逮捕される→アベイ監獄に連行中，グレーヴ広場で虐殺される
［パリ市長ペチヨンの動き］
マンダによりチュイルリ宮殿に召喚される→チュイルリ宮殿を抜け出し，立法議会に行く→市庁舎に戻る→自宅に禁足される
［セーヌ県総代レデレールの動き］
マンダによりチュイルリ宮殿に召喚される→チュイルリ宮殿に留まり，国王一家に立法議会への退避を進言→国王一家とともに立法議会へ向かう

　立ち位置は三者三様である。マンダは国王に忠実で，宮殿の安全を死守するため，パリの治安責任者であるペチヨンとレデレールをチュイルリ宮殿に召喚した。言ってみれば，ペチヨン，レデレールは王権側の「人質」といってよいかもしれない。しかしパリ司令官であり宮殿司令官でもあるマンダ自身が逆に市庁舎に召喚され，その後間もなく虐殺されたため，宮殿は総指揮官を欠くことになる。ところで，マンダの逮捕は蜂起コミューン側がマンダを「人質」にとる行為のはずであり，蜂起コミューンにとって，マンダの虐殺は予期せぬ出来事であった。
　パリ市長ペチヨンの動きはこうである。ペチヨンはチュイルリ宮殿に召喚されるも，途中で抜け出し，議会に立ち寄ったのち市庁舎に戻る。ペチヨンが自宅に禁足された理由は，旧コミューンにとってかわった蜂起コミューンが，自らの行動の自由を確保するためである。ミシュレはこの措置を評して「この民衆の偶像はこうしておくのがいちばんいい，と正当にも判断した」と記していた（Michelet, I, 1952：972=1968：232）。セクションの委員たちは，パリ市助役のマニュエルはその地位に留め置き，マンダに代えてサンテールをパリ指揮官とした。このマニュエルの出した命令が事態の趨勢に大きな影響を与えることになる。
　三者のうち，セーヌ県総代のレデレールは，セーヌ県（当時，パリはセーヌ県

の県庁所在地）の治安維持に責任を負う警視総監のような立場にあったが，チュイリ宮殿に召喚後，宮殿に留まって報告者のもたらす情報から刻々と変化する宮殿外の状況を把握，分析し，武力衝突，流血の惨事の回避策を模索する。レデレールが認めた長文の記録が残されているので，ゴデショの簡潔な記述を補うべく「レデレールから見た 8 月 10 日」の気になる部分を以下にピックアップする。

　少したって（三時から四時の間）大臣たちに次のような報告があった。コミューンの検察官マニュエルが，サン＝タントワーヌと，サン＝マルソーの両場末街の人々の合流を妨害するために総司令官の命令でポン・ヌフ（橋）に据えられてあった大砲を，引き上げさせる命令を出したところだというのだ。その報告によると，マニュエルはコミューンでこう言ったそうだ。「これらの大砲は，市民たちの連絡を妨げている。そして，二つのフォブール（場末街）の市民たちは，こんにち，力をあわせて一大事業を果たさねばならぬのだ」と。大臣たちは，マニュエルの命令があったとしても，これらの大砲をもとに戻すべきかどうかを協議した（Pernoud / Flaissier, 1959：163-164＝1989：119）。

ここに引用した記述の直前に，午前二時頃，場末街の人々は疲れており，行進を進める様子がないとの報告があり，この報告は国王たちを喜ばせたようだったとレデレールは記したのだが，その直後の新たな報告で宮殿側は安心から一転，不安に苛まれることとなったわけである。では，宮殿指揮官でもあるマンダは市庁舎からの召喚になぜ応じたのであろうか。その点についてレデレールは次のように記す。

　また同じ頃（午前四時頃―引用者），部屋の仕切りがあいたままだったのでマンダ（司令官）がやって来て，コミューンがまたまた彼を呼んでいる，と言った。彼は行かない方がよいと考えていた。ドジョリ（大臣）は，彼

は王宮にいる必要があると考えていた。私は，基本的には司令長官は市長の支配下にあるのだし，市長は，集合した市民を散らすことを希望したのであろうし，そのためには，警察の司令官を必要とするのだ，と考えた。私の意見を聞いて，マンダは渋々出かけた。私はまだ，ポン・ヌフ（橋）の大砲に関してマニュエルが出した，いわゆる反対の命令について明白にしなければならないこと，治安を維持するために必要と思われることをコミューンに提示しなければならないことに，自分の考えの重点をおいていた（Pernoud / Flaissier, 1959：165=1989：120）。

レデレールの記述通りだとすると，マンダが市庁舎に行くことをレデレールは後押ししたことになる。では次に，武器，弾薬の程度やその配備についてはどうだろうか。レデレールは「市庁がマルセイユの者たちに，弾薬帯五千を交付したことを確認した」と記す一方，宮殿に配備されている大砲について次のように書いている。

　我々は玄関を横切り中庭に出た。王宮の入口のすぐ前に，庭の横と同じく，大砲が四，五台あった。右側には，王宮からカルーゼル側の庭を囲んでいる壁まで，もし思い違いでなければ，擲弾兵（グルナディエ）の国民衛兵大隊が展開していた。左側には平行してスイス衛兵部隊，中央には，二つの縦隊の間，王宮とロワイヤル門のちょうど中間に，カルーゼルに向けられた五，六台の大砲があった（Pernoud / Flaissier, 1959：169=1989：124）。

さらにレデレールは群衆に発砲しなければならないのではないかと苦悶している宮殿を守る国民衛兵との間のやり取りをこのように記している。

　私は彼らに，ほとんど同じ言葉で同じことを繰り返した。絶対に攻撃しないこと，平静を保つこと，である。良い顔立ちの背の高い砲手が私に言った。「では，もしかして彼らが我我を攻撃するような時，貴方はここにい

ますか？」「いるとも」と私は答えた。「君たちの大砲のうしろでなく前にだ。もし今日，誰かが死ななくてはならないなら，第一番に死ぬためにだ。」「我々は皆そこにいるだろう」と，私の仲間が付け加えた。この言葉を聞いて，その砲手は抗弁せず，自分の大砲から砲弾を抜き，点火装置を地面に投げ出し，火のついた導火線を足で踏み消した（Pernoud / Flaissier, 1959：169-170＝1989：125）。

　国王側の一刻も早い決断が必要な状況に至ったことは明らかだろう。レデレールは自身の強い進言が国王の決断を促した場面を次のように記している。

「陛下，五分しか時間がございません。議会だけが安全な場所です。我々の意見といたしましては，すぐそちらにお出でになっていただきたいのです。皆様方は，王宮を守るのに庭内に充分な兵士を持っておられません。彼らの気持も，決して安心できるものではございません。砲手たちは，守勢を維持するようにとの勧告の一言で，大砲の弾を取りはずしました。」――「しかし」と王が言った。「私はカルーゼルにはあまり人がいるのを見なかったが。」――「陛下，大砲は十二台あります。そして場末街からは大群衆がやって来ます。」(Pernoud / Flaissier, 1959：171＝1989：126)

　ここまでレデレールの記述を見てきたが，それは，彼がチュイルリ宮殿にギリギリまで留まり，集めた情報に基づいて情勢分析に当たり行動もした記録だからであり，8月10日の事態の推移を一方の側から捉えた証言として一定の意味があると考えられるからである。しかし，レデレールは一私人ではなくかなりの権限をもった公人であるので，その記録の受け止めには慎重さが必要であることは言うまでもない。
　以上，1. で，まず6月20日のデモを中心に8月10日以前の民衆の動きを見た上で，2. で，8月10日の現場で蜂起者の力がどのようにして国王の権力を上回り，王権が廃されたのかを確かめた。次の3. では，革命史において第

二革命と呼び慣らわされる 8 月 10 日の革命をルソー的視座から捉え直すことにしよう。

3．8 月 10 日の革命の捉え直し ——人民集会と連盟祭

　1.2. で確認したように，革命史の分析は 6 月 20 日の民衆の示威行動を本戦 8 月 10 日の前哨戦あるいはリハーサルと捉えてきた。では，これら二つの日付の間にあるバスチーユ占拠 3 周年記念連盟祭が挙行された 7 月 14 日はどのような位置を占めるのだろうか。なぜこのような問いを立てるのかと言えば，6 月 20 日から 8 月 10 日に至るプロセスの中で 7 月 14 日は，8 月 10 日と関連づけて言及されているとはいえ，6 月 20 日，8 月 10 日と比べれば，それほど大きく注目されているとまでは言えないからである。そこで本節では，92 年 7 月 14 日の連盟祭に焦点を当てて，ルソー的視座から 92 年夏の事態を捉えてみよう。しかしなぜ 7 月 14 日なのか。
　ここでいうルソー的視座とはいかなるものか。一言でいえば，それは『社会契約論』で展開された政治構想の根幹に置かれる人民集会の理論・思想の視座である。人民集会は第一に，新しい国家が創設される際にその「成員 associé」となる人々が，自発的に一か所に足を運んで集まり，その場において直接，自ら建国の法を定める立法集会を意味する。人々がこれまで自分たちを縛ってきた軛を振りほどき，二度と他者を主人とすることなく，各自が自由でありながらすべての成員と結合する条件を定めたものが建国の法である。要するに，それまでの国家，社会の奴隷であった自身の軛を振りほどく必要のあることに目覚めた人々が，自発的に各自の意志を携えて一か所に参集し，建国の法を定める立法集会を行うことが国家創設の不可欠の礎，第一歩となる[2]。さらに，人民集会は国家創設時に限られず，政府（行政官）の意向に左右されることなく定期的に開催されなければならないことをルソーは力説する。ルソー自身の言葉を聞こう。

主権者は，立法権以外のなんらの力をもたないので，法によってしか行動できない。しかも，法は一般意志の正当な働きに他ならないから，人民は集会したときにだけ，主権者として行動しうるであろう（CS：425, 127）。

　人民の集会が，一連の法律を承認することによって，一たび国家の憲法を定めたところで，それで十分だとはいえない。（中略）　思いがけない事態がどうしても必要とするような，特別の集会のほかに，何ものも廃止ないし延期しえない，定期の集会が必要である。すなわち，人民が，一定の日に，法によって合法的に召集され，そのためには，とくに他のいかなる召集の手続きをも必要としないような集会である（CS：426, 128）。

　ところで，フランス革命におけるルソーの理論的・思想的影響はさまざまな事象，レヴェルで見られるが，革命期の歴史的現実の中にすべての成員による建国の法を制定する人民集会，立法集会としての人民集会に相当するものを直ちに見出すことは難しい。革命期に議会が立憲・立法機関としての位置を占めてきたことはこれまで見てきた通りである。しかし立憲・立法集会ではなくても，人民集会のもつ性質の幾分かは反映したような人々の集会，パリのみならず全フランス的な集会はフランス革命には存在しなかったのか。そのような観点から私たちはバスチーユ攻撃一周年を記念して1790年に始まったシャン・ド・マルスを会場とした連盟祭に注目する。繰り返すまでもなく，バスチーユ占拠記念連盟祭は立憲集会・立法集会ではない。だが，それは民衆が軛の振りほどきを開始した1789年7月14日のバスチーユ攻撃を起点として，毎年この日に繰り返し，全国各地から自らの意志でシャン・ド・マルスに足を運び，7月14日の意味を確かめ合う人々の集会となったのである。それゆえ，バスチーユ占拠記念連盟祭は定期人民集会とは言えないけれども，人々が毎年繰り返し軛の振りほどきを確かめ合う定期集会であるとは言えるだろう。それでは，問題の92年7月14日はどのような集会だったのだろうか。ゴデショの記述は次のようである（Godechot, 1988：108=1989：85）。

7月14日:多くの県から上京してきた多数の「連盟兵」の面前で,バスティーユ占拠3周年記念式典が催された。一部の新聞によれば,観客と参加者は合わせて50万名に上る。ペチヨンは歓呼で迎えられ,臨席していた国王は憂わしげであったが,群衆は国王を無視しているようであった。

92年4月20日に始まった戦争の渦中にあるフランスは,オーストリア・プロシア軍の攻勢にあい,議会は7月11日,「祖国は危機に瀕す」と宣言した。各県の連盟兵は祖国フランスを防衛する任に当たる決意,意志を持って7月

図1-2 貴族の木の火刑

出所:立川孝一『フランス革命と祭り』筑摩書房,1988年,p.131

14日に会場のシャン・ド・マルスに参集した。92年の連盟祭に集まった人々の目は、国王にではなく立法議会議員やとりわけ、市長に復職したばかりのペチヨンに注がれた。人々は「ペチヨンか、しからずんば死を！」と叫んだと先の日記の編者は注に記している（Guittard, 1974：161=1980：109）。あるいは、祭典研究の立場からこの日の模様を活写する立川孝一は、この日のメイン・セレモニイが「貴族の木」を燃やす「火刑」であったこと、しかもこのセレモニイが国王の会場到着の前に開始されたことに着目して、そこに旧制度への敵意と国王への冷ややかな態度の現れを読み取っている（立川, 1989：142-147）。ただし、祭典、祭りとして連盟祭を捉える立川の見方と私たちの捉え方には相違点がある[3]。私たちは、祭りとしてよりも刻々と変化する人々の意志の表れ、結集点として連盟祭を見るからである。軛の振りほどきの開始から三年、人々の意志と力はどのような表れとなっているだろうか。

　筆者は「92年7月14日」を、7月14日を中心としつつ、当日のみでなく、国王の拒否権行使に端を発した6月20日のデモから8月10日の蜂起に至るひとつながりのプロセスの全体として捉えるべきであると考える。連盟兵それ自体の動向とそれと関わりのある動きとを以下のように時系列に並べると[4]、スパンを長くとった「92年7月14日」の意志と力の表れが、より明確になるように思われるからである。

6月22日（マルセイユ）　愛国宴会にて『ライン方面軍のための軍歌』[5]が歌われる
7月2日（議会）　国王の拒否にもかかわらず、連盟兵が連盟祭に赴くことを許可
7月上旬（連盟兵）　各県から連盟兵のパリ到着が始まる
7月11日（議会）　「祖国は危機に瀕す」と宣言
7月13日（議会）　ペチヨンとマニュエルの停職を解除
7月14日（パリ）　バスチーユ占拠3周年記念連盟祭がシャン・ド・マルスで挙行される

7月14日以降（連盟兵）　連盟兵の一部がパリに留まる
7月17日（連盟兵）　国王の職務停止を要求する請願書を議会に提出
7月21日（志願兵）　オーストリア軍が進撃，パリで1万5000人が志願兵登録
7月25日（連盟兵）　ブルターニュの連盟兵300人がパリに入る
7月28日（パリ市民）　7月25日のブラウンシュヴァイク宣言[6]がパリに知られ，市民の怒りが増大
7月30日（連盟兵）　マルセイユ連盟兵大隊500人が，大砲とともに『ライン方面軍のための軍歌』を歌いながらパリ入城，連盟兵と愛国派とが秘密指導部形成，シャンゼリゼでマルセイユ連盟兵とパリ国民衛兵とが乱闘，前者の勝利

　オーストリア・プロイセンとの戦争のさなか，フランスの劣勢の中，迎えた7月14日連盟祭当日，祖国防衛のために前線へ向かおうとする各県の連盟兵の意志と力が際立っている。彼ら愛国者の意志は，貴族の木を燃やし，「ペチヨンか，しからずんば死を！」と叫ぶシャン・ド・マルスに参集した50万とも言われる人々の意志と呼応していた。そして長いスパンの「92年7月14日」の帰結点に8月10日がある。「92年7月14日」は遂に，拒否権の撤回をせず，国内に革命に従わぬ宣誓忌避僧侶を留め置き，首都パリに革命を守る連盟兵の配備を認めない国王の権力と民衆の力とが激突することをやむなしとする人々の意志と力となって現れ出た。バスチーユで開始された軛の振りほどきから三年，人々のこうした意志と力が法の上にある者の力（王権）の振りほどきを完了させるに至ったのである。

　それでは，8月10日の革命の主体は誰なのか。柴田三千雄は，8月10日の蜂起をパリの市民と地方から来た連盟兵とが一緒になってチュイルリ宮を武装攻撃したものとした上で，蜂起の主体はパリの市民であるとし，そこに連盟兵が加わったと捉える（柴田，1989：122-3）。しかし長いスパンの「92年7月14日」に現れ出た意志と力を重視する私たちの観点からは，連盟兵の意志と力に

正当な位置を与えるべきとの帰結が導き出される[7]。前節を振り返ると，パリ市助役マニュエルの発した命令の重要性が明確になる。8月10日未明，マニュエルはサン・タントワーヌとサン・マルセルの2つの場末街の合流を妨げていたポンヌフ上に据えられていた大砲の撤去命令を出した。この大砲の撤去が，早朝に行進を開始した蜂起者たち（パリの民衆とマルセイユ・ブルターニュの連盟兵）の合流を可能にした。とすると，8月10日の革命の力の分水嶺は，戦闘，銃撃戦の前の，未明のポンヌフ上の大砲の撤去にあったと言えるだろう。ミシュレが詳しく記述しているように，8月10日の蜂起の際，チュイルリ宮殿に先んじて突入することになったパリの民衆は槍や短銃で武装していたものの，待ちかまえるスイス人連隊の武力の前では，民衆側に約400人という死傷者を出し，打ち負かされた。後続の大砲を引いたマルセイユとブルターニュの連盟兵の武力がなければ，チュイルリ宮殿を陥落させ（護衛側の死者はおよそ600人），王権を廃止した8月10日の革命の勝利はおそらく困難だったろう。それゆえルソー的視座から8月10日の革命を捉え直した私たちは，8月10日の蜂起主体，革命主体をパリの民衆だけでなく「連盟兵とパリの民衆」と見なし，8月10日の革命の勝利は「92年7月14日」の人々の意志と力によってもたらされた，と結論づける。

おわりに——王権の振りほどきは戦争状態を終わらせたのか

　8月10日の革命は，法の上にある者をなくし，王権の振りほどきを完了させた。それではこの王権の振りほどきの完了は，人々を縛っている軛の振りほどきの完了を意味するのか。否である。筆者は本章冒頭で王権が倒れた後の8月末のパリで人々は依然，緊迫した状況にあったことに触れた。その数日後，九月虐殺が開始される。第二革命は，人々を縛る軛の一部を振りほどきはしたが，人々の「戦争状態」を終わらせるものではなかった。「戦争状態」とは何か。ルソーは以下のように記す（DI：190-191, 126-127）。

この無秩序とこれらの変革のなかからこそ，専制主義が，その醜悪な頭を次第にもたげ，国家のあらゆる部分に善良で健全なものと自分に認められる一切のものを貪りくらい，ついには法律も人民も足下に踏みにじり，国家の廃墟の上に自己を確立するに至るであろう。(中略)　これがすなわち不平等の到達点であり，円環を閉じ，われわれが出発した起点に触れる終極の点である。ここですべての個人がふたたび平等となる。というのは，今や彼らは無であり，家来はもはや主人の意志のほかなんらの法律ももたず，主人は自分の欲情のほかなんらの規則をもたないので，善の観念や正義の原理がふたたび消滅してしまうからである。すなわち，ここでは，万事がただ最強者の法だけに，従って一つの新しい自然状態に帰結しているのだが，この自然状態がわれわれの出発点とした自然状態と異なるのは，後者が純粋な形で自然状態であったのに対して，前者が過度の腐敗の結果だ，ということである。

　本章はバスチーユ攻撃を起点にもつ「92年7月14日」が8月10日の革命を生み出したとする「結論」を導き出した。しかしこの「結論」は暫定的なものである。なぜなら本章が分析したのは，先に能動化して軛の振りほどきを開始したバスチーユ攻撃（「男の革命」）を起点とした分析であり，3カ月弱遅れて受動から能動へ転じたヴェルサイユ行進（「女の革命」）を起点とする分析を行っていないからである。私たちはヴェルサイユ行進がその後の革命の推移に看過できぬ影響を及ぼしたことを確認してゆかなければいけない。「ヴェルサイユ行進とその影響圏」が今後のテーマとなる。

　　追記：本章は，平成27年度文部科学省科学研究費助成事業（基盤研究（C）「ルソーのアソシエーション論から女性の能動化と戦争を阻止する国家の創出を探究する」課題番号15K03292，研究代表者：鳴子博子）による研究成果の一部である。

　1)（鳴子，2019）では，ルソーが『ポーランド統治論』で自由拒否権に与えた特異な評価の意味を掘り下げた上で，18世紀後半，存亡の危機にあるポーランドと革命期のフランスの拒否権を比較検討した。

2) ただし，建国の法の制定は associé だけでは遂行できず，彼らをサポートして法を起草する立法者——一時的で中立な介在者——の存在が必要である点をルソーは強調してもいた。
3) 立川は1790年7月14日のパリの全国連盟祭に先立ち，続々と各地で開催された地方連盟祭に関して，その初発は，1789年11月から1790年1月にかけての南フランスでの連盟祭であったと記す。さらに立川は南仏以外にも，フランス北西部・ブルターニュ地方で1790年1月に開催された都市ポンティヴィの連盟祭についても紹介している（立川, 1989, 46-50）。
4) 主に（Godechot, 1988）によるが，（柴田, 1989）および（Soboul, 1951）にも依拠している。
5) これがのちに国歌となるラ・マルセイエーズである。
6) ブラウンシュヴァイク宣言についてゴデショは「「パリ市民が即時にかつ無条件で国王に服従しない」場合には，パリ市に対し「軍事力の行使，全面的な抑圧，反乱者に対する身体刑」を断言するものだった」と説明する。この宣言はオーストリア・プロイセン同盟軍総司令官ブラウンシュヴァイクが発したものとされたが，実際はルイ十六世が関与し，別人が作成した，いわばフェイク宣言であった。
7) 本章の観点とは異なるが，革命祭典研究の第一人者にして，フランソワ・フュレとともに大部な『フランス革命事典』を編んだモナ・オズーフは，当該事典の項目「連盟祭 FÉDÉRATION」の中で次のように記している。「八月一〇日の革命の起源になったのは，一七九二年七月八日以来の連盟兵のパリへの上京である」（Furet/Ozouf, 1988：104=1995：246）。

参考文献

ルソーの① *Du Contrat social*, ② *Discours sur l'origine et les fondements de l'inégalité parmi les hommes* については Rousseau, Jean-Jacques（1964）*Œuvres complètes de Jean-Jacques Rousseau*, Bibliothèque de la PléiadeⅢ, Paris, Gallimard に拠り，引用の際は CS, DI と略してページ数を記すとともに，訳書のページ数も併記した。
① 桑原武夫・前川貞次郎訳（1954）『社会約論』岩波文庫
② 本田喜代治・平岡昇訳（1972改訳）『人間不平等起原論』岩波文庫

Decaux, Alain（1972）*Histoire des Françaises,* Ⅱ La révolte, Paris, Perrin（アラン・ドゥコー著，渡辺高明訳（1980）『フランス女性の歴史3——革命下の女たち』大修館書店）．

Furet, François / Ozouf, Mona（1988）*Dictionnaire critique de la Révolution française,* Flammarion（フランソワ・フュレ/モナ・オズーフ，河野健二・阪上孝・富永茂樹監訳（1995）『フランス革命事典』Ⅰ，みすず書房）．

Godechot, Jacques（1988）*La Révolution française,Chronologie commentée 1787-1799,* Perrin（ジャック・ゴデショ著，瓜生洋一・新倉修・長谷川光一・

山崎耕一・横山謙一訳（1989）『フランス革命年代記』日本評論社）．
Guittard, Célestin（1974）*Journal d'un bourgeois de Paris sous la Révolution,* présenté par Raymond Aubert, Ed. France-Empire, Paris（セレスタン・ギタール著，レイモン・オベール編，河盛好蔵監訳（1980）『フランス革命下の一市民の日記』中央公論社）．
Michelet, Jules（1952）*Histoire de la Révolution française,* Bibliothèque de la Pléiade, 2 tomes（ジュール・ミシュレ著，桑原武夫・多田道太郎・樋口謹一訳（1968）『フランス革命史』（世界の名著 37）中央公論社）．
Pernoud, Georges / Flaissier, Sabine（1959）*La Révolution : Il y a toujours un reporter,* René Julliard, Paris（ジョルジュ・ペルヌー，サビーヌ・フレシエ編，河野鶴代訳（1989）『フランス革命の目撃者たち』白水社）．
Soboul, Albert（1951）*La Révolution française 1789‐1799,* Éditions sociales, Paris（アルベール・ソブール著，小場瀬卓三・渡辺淳訳（1953）『フランス革命』上・下，岩波新書）．
────（1958）*Les sans‐culottes parisiens en l'an II, mouvement populaire et gouvernement révolutionnaire, 2 juin 1793‐9 thermidor an II,* Paris, Librairie Clavreuil（アルベール・ソブール著，井上幸治監訳（1983）『フランス革命と民衆』新評論）．
柴田三千雄（1988）『パリのフランス革命』（歴史学選書 9）東京大学出版会．
────（1989）『フランス革命』（岩波セミナーブックス 30）岩波書店．
立川孝一（1988）『フランス革命と祭り』筑摩書房．
────（1989）『フランス革命』中公新書．
鳴子博子（2001）『ルソーにおける正義と歴史──ユートピアなき永久民主主義革命論』中央大学出版部．
────（2018a）「ルソーの革命とフランス革命──暴力と道徳の関係をめぐって」『nyz』5，堀之内出版．
────（2018b）「フランス革命における暴力とジェンダー──バスチーユ攻撃とヴェルサイユ行進を中心に」（『中央大学経済研究所年報』50）．
────（2019，近日刊）「ルソーの『ポーランド統治論』から見たヨーロッパ政治秩序──ポーランドとフランスの拒否権を対比して」新原道信，宮野勝，鳴子博子編著『地球社会の複合的諸問題への応答の試み』中央大学学術シンポジウム研究叢書 12 号．

第 2 章
チェルヌィシェフスキーと小説『何をなすべきか』
―― 「革命的民主主義者」の女性論 ――

大　矢　　　温

はじめに

　本論で対象にするニコライ・ガヴリーロヴィッチ・チェルヌィシェフスキー（1828-1889）は，ソヴィエト史学においては「革命的民主主義者」とされ，1825年のデカブリストの反乱から1917年の大十月社会主義革命にいたるロシア革命思想史の文脈の中で「民主主義と社会主義が一つの，不可分の分離不能の一体に合体した」時代の代表的な思想家として[1]，その「革命思想」が位置づけられてきた。さらに同じく「革命的民主主義者」のカテゴリーでとらえられた А. И. ゲルツェン（1812-1870）との比較においても，「貴族時代のもっともすぐれた活動家」の「ゲルツェンに比べて大きく一歩前進した」「はるかに首尾一貫した戦闘的民主主義者」[2]と高く評価されていた。また，チェルヌィシェフスキーは，「民主主義と自由主義との間」で「動揺」した「地主貴族の社会」に属していたゲルツェンを「非難」した「ラズノチーネツの革命家の新しい世代」の「代表」でもあった[3]。「ラズノチーネツ（雑階級人）」とは，貴族層と労働者層の中間に位置する，学生やホワイト・カラー層を中心とした知識人階層のことである。

　しかし，この「革命的民主主義者」なる用語は，もともとはレーニンが自らの社会民主労働党の先駆者として「ゲルツェン，ベリンスキー，チェルヌィ

シェフスキー，および70年代の革命の綺羅星たち」の名を挙げたことに由来する[4]。概念が規定されて使用されている，というよりは上記の人物に結び付けられた形容詞，という性格が強い。「革命家」というならいかなる革命を志向したか，「民主主義者」というならいかなる民主主義を志向したかが問われることなく「革命的民主主義者」というレーニンの用語が独り歩きしてきた感がある。他方で，ソヴィエト体制が崩壊し，イデオロギー的拘束から解放されたはずのロシア思想史研究において，いまだに「革命家」「民主主義者」に代わるチェルヌィシェフスキー像が描かれているとはいいがたい。本章では女性の自立と解放を糸口に社会改造を構想したチェルヌィシェフスキーの小説『何をなすべきか』を素材に彼の思想を分析し，新たなチェルヌィシェフスキー像を描く一助にしたい。

1．「チェルヌィシェフスキーの時代」と女性論

　チェルヌィシェフスキーが文壇で活躍した時期は，彼が雑誌『現代人』誌に書評を書き始めた1853年末から逮捕される1862年4月，あるいはもう少し長く，小説『何をなすべきか』の掲載が終わった1863年5月までの約10年間である。短い期間ではあったが，その間，ロシアはクリミア戦争以後の大きな変革期を経験している。クリミア戦争末期に反動的なニコライ一世が病死し，新帝アレクサンドル二世による戦後の改革がそれまでの抑圧的なロシアの政治状況を一変させたのであった。最大の課題は農奴制の改革であったが，検閲が緩和されたこともあり，農奴制改革以外にも様々な問題が新聞や雑誌の誌上で議論された。女性問題も公開の論議のテーマとしてこの時期にロシアの論壇に現れたのであった。
　たとえば女性の高等教育の問題も，この時代の争点の一つとなった。実際に一般的な改革ムードの中でペテルブルク大学において国法学を講義していたК. Д. カヴェーリン（1818-1885）などのリベラルな教授は1859年秋から女性の受講を許可したし，チェルヌィシェフスキーの身内でも，1860年には彼の

いとこの姉妹，エヴゲーニヤとポーリナが大学に通うようになっていた[5]。

さて，チェルヌィシェフスキーの女性論に早い時期から着目し，これを高く評価したのが，おなじく「革命的民主主義者」に分類されているゲルツェンだった。解放運動におけるチェルヌィシェフスキーの「二面性」について1867年のはじめにゲルツェンは書いている。「チェルヌィシェフスキー，ミハイロフとその友人たちはロシアで最初に，資本によって食い物にされている男性勤労者のみならず，家族によって食い物にされている女性勤労者にも，別の生活へと呼びかけた。彼らは女性たちに永遠の後見，侮辱的な未成年あつかい，囲われ者としての生活からの，労働による解放を呼びかけた。そこに彼らの最大の功績の一つがある」[6]。

ここで，チェルヌィシェフスキーとともに名前が挙がったM. И. ミハイロフ (1829-1865)，1829年にオレンブルクで生まれ，ウファの神学校を中退したのち，46年夏にペテルブルクに上京した，典型的な「ラズノチーネツ」（雑階級人）である。1847年ごろから詩を発表していたが，チェルヌィシェフスキーとはペテルブルク大学で知り合った。1858年から59年にかけて西欧各地を旅行し，パリではフェミニストのサークルと知り合い，また，ロンドンでは亡命中のゲルツェンと会見もしている。『現代人』誌に「パリの手紙」，「ロンドンの印象」などの論文を発表する一方で，地下の革命運動にも参加し，檄文「若き世代へ」に関与した咎で1861年11月に逮捕された後[7]，シベリアに徒刑となる。送られた先はカダヤという，シベリアのザバイカリエ地方ネルチンスクからさらに東に200km以上奥地，モンゴルや中国との国境にも近い鉱山であった。4年後の1865年8月にカダヤの病院で死亡した[8]。死の直前，やはり革命運動の嫌疑で逮捕され，イルクーツクを経てカダヤに転送されたチェルヌィシェフスキーと病院で再会している。

このミハイロフ，上述のように女性問題についても積極的に発言しており[9]，『現代人』誌の1858年1月号に「パリの手紙 (5)」を発表している。これはミハイロフが1858年にパリを訪れた際，そこでフェミニストのJ. P. デリクールのサロンを通じてJ. ミシュレやJ. プルードンの女性論を知り，それらを批

判することを目的として著したものだった[10]。ミハイロフはプルードンが「女性はすべての悪の根源だ」というのに対し[11]、「女性は人間だ」と批判し、「男性より肉体的にも、知的にも、道徳的にも低い」というプルードンに対しては、不平等に関してはむしろ「男女の法的不平等」が問題なのだと反論する[12]。その後もミハイロフは「女性、その教育、および家庭と社会における意義」[13]を著し、また、J. S. ミルがハイリエット・テイラーとともに著した『女性の解放について』を翻訳して『現代人』誌上で紹介している[14]。また、1861年2月の農奴解放令後に一般的に社会情勢が不安定化し、学生運動が高揚する中で大学改革問題に関心が集まると、ミハイロフは『現代人』誌に「大学における女性」を発表している[15]。この論文においてミハイロフは「女性の家族及び社会関係の改造」をテーマにして[16]、「女性にとって社会で地位を占めるにあたっての第一の、そして最も困難な障害は、真剣な、理性的な、完全な意味での人間的な教育の欠如である」として女性の教育問題を女性解放の問題に結びつけて論じたのであった[17]。

2. チェルヌィシェフスキーと雑誌『現代人』

『現代人』誌は、1836年に詩人のА. С. プーシキンによって創刊された由緒正しい「厚い雑誌」である。1846年にН. А. ネクラーソフらが発行権を買い取ると編集者にВ. Г. ベリンスキーを招くなど進歩的な紙面で発行部数を伸ばした。発行人のИ. И. パナーエフとネクラーソフは雑誌の発行権のみならず妻のА. Я. パナーエヴァも「共有」していたともいわれ、この面でも進歩的と目されていた。女性問題に関しても、1854年1月号から3月号にかけての連載でジョルジュ・サンドの回想記『わが生涯の歴史』の翻訳を[18]、また1856年にはその続編を「ジョルジュ・サンドの生涯」という題で4月号から8月号にかけて5回連載で掲載している[19]。このほかにも、1857年5月号は女性の社会的自立を訴える「А.」という匿名の読者からの「女性の訴え」を掲載している[20]。上述のミハイロフの一連の著作が発表される舞台になったのも、

この雑誌の編集部の進歩的な編集方針を反映したものであろう．実際，このような編集方針が改革期の世論に受け入れられ，『現代人』誌は順調に発行部数を伸ばし[21]，当時のロシアの改革論議を先導したのであった．

一方，本章で対象にするチェルヌィシェフスキーは，ヴォルガ河沿いの地方都市サラトフの聖職者の家に1828年に生まれた．幼い時から語学に秀でた才能を発揮し，古典語を含む多くの言語で読み書きをこなした．一旦サラトフの神学校に進んだが聖職者の道には進まず，中退し，1856年にペテルブルク大学歴史文学部に入学し直している．1854年末ごろから雑誌に書評を投稿するなど，ペテルブルクで文筆生活に入ったチェルヌィシェフスキーは当初，『祖国雑記』と『現代人』の両誌に寄稿していたが，やがて1855年4月前後にネクラーソフの誘いによって『現代人』誌のいわば専従作家となり，この雑誌で文芸批評を中心に活躍することとなった[22]．

この時，駆け出しの評論家チェルヌィシェフスキーを取り巻く状況は，急速に展開しつつあった．1856年3月にパリ講和会議によってクリミア戦争が終結するとその直後，新帝アレクサンドル二世はモスクワ貴族団に対して「上から」農奴制を改革する意思を表明し，翌57年には農奴問題に関する秘密委員会を設立し，さらに57年11月にはナジーモフ宛て勅書で農奴制改革の具体的な一歩を踏み出した．農奴制の改革が焦眉の問題として日程に上がったのである．世論もこれに敏感に反応した．新たに発行許可が下りた『ロシア通報』や『ロシアの談話』をはじめ，雑誌の誌上で改革に向けた議論が沸騰した．従来，私的なサロンやサークルで展開していたスラヴ派と西欧派の論争も定期刊行物の誌上で展開するようになった[23]．

議論のテーマの一つに農村共同体の問題があった．当初，スラヴ派はこれをロシア民族固有の民族性の立場から擁護し[24]，それに対して西欧派は克服すべき過去の古俗としてこれを批判していた．西欧派急進派と目されていたチェルヌィシェフスキーも1855年後半までは農村共同体を「過去の放牧や狩猟生活の残滓」とみなし「農業の発達と文明化によってスラヴ人においても共同体的所有は消失する」と否定的に評価していた[25]．ところがその彼も農奴制改

革が確実になり，農奴を解放するか否かではなく，いかに解放するか，解放の具体策が問題になる1857年に入ると一転して農村共同体を擁護する論陣を張るようになる。共同体的生活習慣は西欧にも存在し，スラヴ民族においても早晩，消失するであろう，という西欧派的な見解は維持しつつも，共同体的所有に代わって私的所有が支配するようになった西欧社会について，「西欧において共同体的土地所有の喪失がいかなる惨めな結果を招いたか，そして西欧諸民族にとってその喪失の回復がいかに苦しいものか」を指摘する[26]。「西欧は全然，天国ではない」のである[27]。彼は私的所有および自由主義経済を批判する文脈で共同体的土地所有に着目したのであった。

　同じ論文の検閲で削除された部分でチェルヌィシェフスキーはより具体的に私有財産制を攻撃する。「無制限の競争が弱者を強者の犠牲に，労働を資本の犠牲にした」結果，土地を失った農民はプロレタリアート階級になり，小土地所有者は没落して日雇い農民となった。「イギリスやフランスでは何千もの金持ちが発生した一方，何百万もの貧民が発生した」のである[28]。しかもクリミア戦争後，ロシアは「全ヨーロッパ的活動へのかつてない活発な参加」をしている。遅れたロシア経済が世界経済に巻き込まれているのである[29]。チェルヌィシェフスキーは早晩ロシアにおいても西欧に於けると同様に弱者農民が資本の餌食になることを危惧する。実際，ロシアにおいても農奴解放が間近に迫っている。その際，解放された農民が生活手段たる土地を持たない場合，彼らは即座にルンペン・プロレタリアートに転落するだろう。また，私的財産として各農民に土地を与えたとしても，競争力のない彼らは遅からず土地を手放してプロレタリアート化するだろう。土地は大土地所有者に集中し，「耕作者の経営は資本家の競争に全く圧倒される」だろう[30]。弱肉強食の自由主義経済においては，労働は資本の，弱小資本は大資本の犠牲になるのだ。西欧の経験はこのことを示している。

　このような私有財産制度と自由競争がもたらす悲惨な状況に対抗するためにチェルヌィシェフスキーが主張するのは，「新しい志向」，「人々の間の連合と同胞団братство の思想」である[31]。「同胞団[32]」つまり「組合товарищество への統合」によって,「農作業や耕地拡大のために大規模な資本の回転が必要になった際,必要な資金や必要な規模の土地」を利用できるのだ[33)]。また,この「組合」は農業分野に限らない。工場においては「工場作業場の,その工場の全労働者仲間の共同体的財産への移行」として現れる[34)]。チェルヌィシェフスキーの農村共同体論は彼の社会主義論と結びついているのである。

　この時期チェルヌィシェフスキーは,検閲の妨害を受けつつも,共同体擁護の論陣を『現代人』誌上で展開し,政府の農奴制改革に影響を与えようとしていたのであった。共同体的所有を伴った土地付き解放が,なによりもまず,農民大衆の利益となることを信じてのことだった。彼自身の定義によれば「国政において可能な限り上層身分の下層身分に対する優越を廃止」しようとする点で「民主主義者」の立場である[35)]。これに対して農奴主・地主の所有権を尊重し,農奴制改革を根本的改革ではなく,平和的で部分的な改良にとどめようとするのが「リベラル」の立場である。

　チェルヌィシェフスキーも,当初,ロシア・リベラルを代表する論客のК. Д. カヴェーリンの農奴改革案を『現代人』に掲載し,これをたたき台に農奴改革を論じようと訴えるなど,解放論者の「統一戦線」を志向していたが,1858年になると「カヴェニャック」,「ルイ18世とシャルル10世治世下のフランスにおける諸党派の争い」など「彼の代表的な自由主義批判の論文」を発表してリベラルと距離をとるようになる。従来の説では,この延長線上で,1858年12月号の『現代人』誌に発表した「共同体的所有に対する哲学的偏見の批判」においてチェルヌィシェフスキーの路線は「改革の道から革命の道に決定的に転換」した,とされてきた[36)]。しかし,「買戻し金」問題など政府の改革案の内容に彼が不満を抱いたとしても,それが即,秘密組織や武装蜂起といった「革命路線」につながるか,留保が必要であろう。

　さて,アレクサンドル二世によって1861年2月19日付で農奴解放令が公布されると[37)],土地の「切り取り」や「買戻し金」など,この「解放」の条件が農民にとって耐えがたい内容であることに農民が反発し,ロシア全土で一揆騒擾は前例のない高揚を見せた。なかでもカザーニ県ベズナ村で4月に発生し

た5,000人規模の農民反乱と政府の軍隊による仮借ない鎮圧は世間の耳目を引いた。他方でポーランド各地でも独立運動が高揚し，4月8日にはワルシャワのデモで約100人が犠牲になった。これに対してツァーリ政府当局は，ポーランドの独立運動や農民反乱にロシア人学生が連帯することに警戒感を募らせた。大学の管理を強化するため，7月には新たに文部大臣に就任したE. B. プチャーチンによって新しい大学管理規則が作られた[38]。管理の強化を骨子とする新大学規則が施行されると，これが学生の新たな怒りを買い激しい抗議運動が展開された。新規則では事実上，貧しい学生は大学から排除されることになり，学生の互助組織や学生集会も禁止された。激化した学生騒擾に文部大臣は大学の閉鎖をもって応えた。文部大臣令によってペテルブルク大学は9月の新学期から閉鎖されたのである。閉鎖された大学の講義に代わって学生は公開講義を組織するが，それも禁止されてしまう。このような大学を巡る一連の事件に対して，チェルヌィシェフスキーは逮捕された学生のために文学基金から義援金を支出するよう取り計らったり，1862年4月号の『現代人』誌上に「学生は学んだか？」を発表するなどして[39]，一貫して学生を擁護し，学生たちの人気と尊敬を集めたのであった。

　また一方でこの時期，檄文と呼ばれる非合法の印刷物も盛んに作られ，配布された。1861年6月にペテルブルクとモスクワで流布した『大ロシア人』を皮切りにH. B. シェリグノーフの『若き世代へ』や『兵士たちに』，あるいはП. Г. ザイチネフスキーの『青年ロシア』など，数多くの檄文が流布し，ロシアはいわゆる「檄文の時代」に突入した[40]。従来，チェルヌィシェフスキーもこのような檄文の一つ『地主領農民へ同情者からの挨拶』を書いたとされて，1950年発行の彼の全集にもこの檄文が収録されているのだが[41]，最近の研究は，「回想記の批判的分析は，チェルヌィシェフスキーが著者であると考える根拠を与えていない」として[42]，著者がチェルヌィシェフスキーであるとする根拠を疑っている。上述のチェルヌィシェフスキーの「革命性」に関連して，革命的な檄文の執筆，配布に彼が関わっていた，とする従来の説についても再検討が必要であろう。

しかしながらロシア政府当局はそうは考えなかった。当局は，革命運動へのチェルヌィシェフスキーの関与を疑った。その結果，彼は1861年9月以降，厳重な監視のもとにおかれた。翌62年5月に檄文『青年ロシア』が流布した直後にペテルブルクで連続して大火が起こると，まず大火の原因として放火が，そして放火犯として革命家が疑われた。革命家の候補として学生が疑われ [43]，学生の指導者としてチェルヌィシェフスキーに嫌疑がかかった。1862年6月に文部大臣は「よろしからぬ傾向」故に臨時検閲規則を適用し，『現代人』誌を8か月間の発行停止処分とした。

これに対して，当時亡命先のロンドンで「自由ロシア印刷所」を主催していたゲルツェンは，新聞『鐘』に「発行者から」と題して，「『日』，『現代人』，『ロシアの言葉』，およびロシアにおいて政治的テロルの結果，禁止される雑誌の発行者に対して，ロンドンにおいて発行を続けることを提案する」[44]，と援助の手を差し伸べた。しかし皮肉なことに，これがかえって国外の革命組織との関係を疑う政府当局にチェルヌィシェフスキー逮捕の口実を与える結果となってしまった。時を同じくして憲兵隊は，П. А. ヴェトーシニコフという人物がロンドンから帰国するところをペテルブルクの港で逮捕した。ヴェトーシニコフは，ロンドンでゲルツェンを訪問した際，彼からオガリョフやバクーニンの手紙を託されたのであった。これをロンドンの第三部の手先が察知してペテルブルクに報告し，憲兵隊の検査によって彼の所持品から手紙が発見された。その中にチェルヌィシェフスキーの名前を発見した憲兵隊はこれをチェルヌィシェフスキー逮捕のための物的証拠としたのだった。結局チェルヌィシェフスキーは7月7日に逮捕され，ペトロパヴロフスク要塞監獄に収監されてしまった。

ところで政府当局が国内の檄文と国外のゲルツェンとの関係を疑うには十分な理由があった。当時檄文は，少人数の活動家が秘密裏に国内で印刷するのが一般的だったが，実際に国外で印刷する場合もあったからだ。たとえば，『現代人』誌上で女性解放の論陣を張っていた上述のミハイロフと彼のグループは，この時期，農民，学生，兵士に対して反政府的な文書を印刷配布してい

た。これらは主に国内の自前の秘密印刷所で印刷していたが，ミハイロフはその一部，シェリグノーフが書いた檄文『若き世代へ』をロンドンのゲルツェンの印刷所で印刷したのだった。ミハイロフはそれを国内に持ち帰ろうとしたところを逮捕され，取り調べの後，6年の苦役ののち終生シベリア流刑の判決を受ける[45]。すでに述べたように，彼はその後，追放先のカダヤでチェルヌィシェフスキーと再会したのち，1865年の夏にカダヤの診療所で一生を終えている。

3．チェルヌィシェフスキーとその影響

　チェルヌィシェフスキーを逮捕はしたものの，結局，政府側は国外の革命組織との関係についても，檄文の作成配布への関与についても有罪事実を立証することができなかった。それにもかかわらず，長期にわたる未決拘留の状態が続いた。結局，1864年4月4日に彼に対して元老院において最終的な判決が言い渡され[46]，「極端な唯物論及び社会主義思想を発展させようとした」咎で「身分に伴うすべての権利をはく奪し，14年間の鉱山における苦役労働に送り，その後は永久にシベリアに居住させる」ことが決められた[47]。後にアレクサンドル二世によって14年間の苦役は半分の7年間に減刑されたとはいえ，チェルヌィシェフスキーの政治犯として立場に変更はなかった。有罪の事実が立証されないにもかかわらず，彼は政治犯，「革命家」となったのである。それ以後，彼は1883年5月にアレクサンドル三世によってヴォルガ河下流の町，アストラハンに移住することを許されるまで，19年間にわたってシベリアの奥地でロシア文壇とはほとんど絶縁状態で過ごすことになる。その彼が判決前，未決拘留中のペトロパヴロフスク要塞監獄の独房で一篇の小説を書いている。それが本論で取り上げた『何をなすべきか』である。

　この小説は，ペトロパヴロフスク要塞監獄に未決囚として繋がれていたチェルヌィシェフスキーが1862年12月14日から約2週間のハンストの期間を含めて，翌63年4月4日までの短い期間に書き上げたものである。その後この

小説は，1863年3月から5月にかけて3回連続で『現代人』に著者名を添えて発表された。いかなる経緯を経て獄中で執筆された小説が検閲を通過して一般に公表されたか，いまだに明らかではないが，63年3月号の『現代人』誌の巻頭に現れた「獄中小説」が，読者公衆の大きな注目を集めたことは想像に難くない。さらに出版者のネクラーソフがこの小説の原稿を紛失して賞金付きで原稿を公開捜索した事件が[48]，この小説の話題性を否応なく盛り上げたこともまた，疑いない。

「革命家」という「ファントム」を作り出したのは，「全く平和的なジャーナリストから恐るべき革命家を作り出した」憲兵隊だけではなかった[49]。読者公衆もまた，「革命家」という「ファントム」を求めていた，ということができるかもしれない。

さてこの小説は，「新しい人々」の生き方を通して新しい倫理を示したものだったが，作中の登場人物の中でも特に「特別な人」，「革命家」ラフメートフの形象は読者に強い印象を与えた。たとえば19世紀末から20世紀初頭にルポライターとして活躍したB. A. ギリヤロフスキーは，チェルヌィシェフスキーの『何をなすべきか』に影響されてロシア国内を放浪し，ラフメートフに倣ってヴォルガ河の船曳人夫や担ぎ人夫などの肉体労働に従事したという[50]。のちにレーニンがチェルヌィシェフスキーの『何をなすべきか』を読んで感動し，革命運動の方針を示す著作に『何をなすべきか？』という題名を選んだのも有名な話である。ソヴィエト期においてチェルヌィシェフスキーの『何をなすべきか』は「暗号化され，しかし革命家たちには理解できる形で」同志に送られた「来るべき農民革命に関する具体的な近い将来の活動の綱領」と見做され，この小説執筆は「60年代初期の革命家の指導者によるもっとも偉大な行動である」と評価されてきた[51]。日本においても『何をなすべきか』の「かくれた主人公」としてラフメートフが注目され，「数々の暗示的記述を解読することにより」，「この物語の思想性」を革命主義の立場から読み解くことが行われてきた[52]。

また一方でこの小説は，ヴェーラやロプーホフ，そしてキルサーノフといっ

た「新しい人々」の新しい生き方，新しい倫理を示す，人生の教科書としても読まれた。アナーキストとして有名なП. クロポトキンは，この小説の倫理的な側面に注目して，次のように高く評価している。

> 1863 年にチェルヌィイシェフスキイ[ママ]は逮捕された。ペテルブルグ要塞監獄に閉じ込められているあいだに，彼は『なにをなすべきか？』というすばらしい小説を書いた。芸術的な見地からすれば，この小説には注文したいことがたくさんある。しかし，当時のロシアの青年たちにとって，それは啓示であり，やがてプログラムとなった。結婚と，結婚後それが必要になった場合に離別する問題は，当時のロシア社会で大きな問題になっていた。そのような問題に知らん顔をしていることは，できなかった。そこでチェルヌィシェフスキイはこの問題を小説で論じることにし，……このような場合に完全な誠実と率直な常識がみとめることのできる唯一の解決を示した。……この作品は若きロシアの合言葉となり，以来，この作品が広めた思想の影響が表面から消え去ることはけっしてなかった[53]。

クロポトキンはこの小説が提起する女性問題，そして新しい結婚の形の背景となる新しい倫理の問題に注目したのだった。新しい倫理の問題とは，「理性的エゴイズム」と呼ばれる倫理規範である。これは端的に言ってしまえば，合理的に自らの損得を計算しながらも，他人の幸福を自分の幸福とする，というものである。作中，女主人公ヴェーラの母親は金貸しで一財産つくる設定になっているが，同じエゴイズムでも，他人の犠牲によって自らの幸福を得ようとする点で，母親のエゴイズムは「理性的エゴイズム」とは異なる。小説では，結婚の在り方や裁縫店の運営にこの「理性的エゴイズム」の具体例を見ることができよう。

　前後してしまったが，最後に小説『何をなすべきか』の内容に立ち入って検討することにしよう。

　テキストについては，帝政時代には『現代人』誌に発表されたものが唯一の

テキストであった。したがってギリヤロフスキーやクロポトキンが読んだのはこの版である。しかし，それは検閲を考慮して獄中で書かれた草稿を『現代人』編集部で書き直したものでチェルヌィシェフスキー自身によるオリジナルとは異なる[54]。革命後に彼自身による草稿が発見され，以後，厳密な検証を経て出版されたのが1975年の「文学的記念碑」版である。本稿ではこの「文学的記念碑」版をもとにした金子幸彦訳をテキストとして用いる。

4．小説『何をなすべきか』

　1862年7月に逮捕され，ペトロパヴロフスク要塞監獄に未決囚として監禁されたチェルヌィシェフスキーが獄中で書き上げたのが小説『何をなすべきか』である。副題は「新しい人々の物語」，とされている。日本ではあまりなじみのある小説とは言えないので，紹介を兼ねて少し長くなるが，物語のあらすじに触れておこう。

　物語は1856年7月11日早朝に始まる。とはいえ，チェルヌィシェフスキー自身説明しているように，これは「効果的な場面を最初にもって」くる，という「小説家の常套的な奸計」，つまり彼流の文学的技巧である[55]。チェルヌィシェフスキーは自らの処女小説を書くにあたって，小説のもっともドラマチックな部分，つまり女主人公ヴェーラの夫の「自殺」の場面を本編の前に持ってきたのだ。「ばか者」と名付けられたこのプロローグの部分では，「ばか者」による「愚かな行為」，つまり橋の上の「ピストル自殺」と，それにつづく「ばかげた行為の最初の結果」，つまり別荘で不倫中に夫に自殺された女主人公ヴェーラの動揺，が断片的な物語として挿入されている。副題にある「新しい人々」は登場しない。ところが，物語の本編を読み進めるにしたがって，この「ばか者」こそが「新しい人々」「真実の人々」であることが分かってくる仕組みになっている。

　物語の本編は，女主人公ヴェーラの生い立ちから始まる。彼女は，19世紀ペテルブルクの高級住宅街，ゴローホヴァ通りに，賃貸マンションの管理人の

娘として住んでいる。ちなみにこのゴローホヴァ通りというのは，1859年に発表されたゴンチャローフの小説『オブローモフ』の主人公が住んでいた通りである。この小説については，チェルヌィシェフスキーの盟友，H. A. ドブロリューボフが「オブローモフ主義とは何か」でオブローモフの無為の生活，およびそのような旦那的性格を生んだ社会を厳しく批判しているので，この舞台設定においても当然，チェルヌィシェフスキーは「古い社会」の象徴としてこの通りを選んだものと思われる。

さて，ゴローホヴァ通りで育ち，やがて年頃になったヴェーラは「古い」「不正直で意地の悪い」［上46-47頁］母親によって家主の息子と結婚させられそうになるが，これを拒絶しようと悩む。このときに見るのが「ヴェーロチカの最初の夢」である［上175頁］。この「夢」の中でヴェーラは湿った地下室で体が麻痺している。ところが「知らない人の声」によって自由に動けるようになり，野原に出てはしゃぐことができるようになる。さらに彼女は「夢」の中で，「声」の導きによって地下室に閉じ込められていたり麻痺したりしている「娘たち」を解放する。「夢」である以上，小説の描写も曖昧模糊としているが，この「ヴェーラの夢」，「さして必要とも思われない，あるいはむしろ蛇足とも思われるようなエピソードのなかに，重要な意味を持つ事実が挿入され，重要な思想が語られる」［解題，下382頁］として『何をなすべきか』解釈の重要な鍵とされてきた。とはいえ，ここでは母親の拘束から逃れようとする女主人公の願望を象徴していると解釈すれば十分であろう。

他方，小説の中ではヴェーラの弟の家庭教師としてロプーホフという医学生が登場し，ヴェーラの解放の手助けをする。当初ヴェーラは女優になって自立しようとするが，結局，ロプーホフと結婚することによって家を出る。ロプーホフはコンシデランやフォイエルバッハを読んでおり［上144頁］，「唯物論者」であった［上161頁］。他方，ヴェーラもジョルジュ・サンドを愛読している［上129頁］。二人とも，この小説の副題にもある「新しい人々」なのである。

この二人が新しい生活を始めるにあたってまず直面したのが生活費の問題だった。医科大学を中退したロプーホフは家庭教師，ヴェーラは仕立て仕事を

して「充分な」収入を得る［上230頁］。自らの労働によって新しい生活を始めたヴェーラはここでまたしても「第二の夢」を見る。この夢の中でヴェーラは「運動」がある故に「腐敗」がない土壌と，水はけが悪く，「運動」「労働」がないことが「腐敗の原因」になっている土壌について議論する夫ロプーホフとその親友キルサーコフを見る。どうやら農業の問題について議論しているらしい。二人は「排水設備」によって水が運動することによって「土地は現実性を得」,「よい植物ができる」ということで同意する［上270頁］。要は労働の必要性を説いているものと解釈されるが，その労働も「一かけらのパンであせくせしたり」［上271頁］,「余計な心配，不必要なことについての配慮」［上273頁］をしたりすることは否定される。労働とは「人間らしくなるための手段」［上280頁］でなければならない，という著者チェルヌィシェフスキーからのメッセージである。

　やがてヴェーラは裁縫女工を雇って裁縫店を営業するようになるのだが，そこで彼女は店の利益を女工たちに平等に分配する。「びっくりした」女工たちに彼女は，自分が「お金に大きな愛着がなく」「私の愛着は，今あなた方と一緒にやろうとしている仕事です」，と語る［上287頁］。しかも店の運営も「相談」の上「みんなの望むことだけ」行うという［上288頁］。もちろん，この「あたらしいやり方」はヴェーラ（チェルヌィシェフスキー）の独創ではない。彼女自身，「心の正しい，かしこい人たちがたくさんの本を書いています」と語るように［上287頁］，この「あたらしいやり方」は「ファランジェ」や「情念引力」によって労働を組織しようとしたフーリエらの影響であろう。その意味でもチェルヌィシェフスキーはペトラシェフスキー団の後継者としてロシア「空想的社会主義思想」の系譜に属するのである。

　さて，裁縫店の経営が軌道に乗り，さらに規模が拡大するとヴェーラは裁縫店に保険制度や共同購買制度，そして協同住宅を導入するが，これはR.オーウェンのニュー・ラナーク工場の経験に照らしたものであろう。実際，ヴェーラの夫のロプーホフの部屋にはオーウェンの肖像写真が架けられている設定になっている［下13頁］。

ヴェーラの裁縫店が軌道に乗ったころ，ヴェーラは夫の親友のキルサーノフと恋に落ちる。そこでヴェーラはまたしても夢を見る。「第三の夢」である［上370頁］。夢の中でヴェーラは自分がキルサーノフを愛していることを確信する。他方，夫のロプーホフはヴェーラのキルサーノフへの愛を知ると就職を口実にモスクワへ去る。2か月後に彼がペテルブルクに戻るところで物語は冒頭の「ピストル自殺」の場面に戻り，著者が直接「慧眼の読者」に語り掛ける形で「自殺」を図ったのがロプーホフであることが種明かしされる［下55頁］。

ところで，ロプーホフの「自殺」と前後してヴェーラの前にラフメートフという人物が登場する。13世紀のタタール貴族の末裔で十分な収入があるが，絵にかいたような「厳格主義者」である［下61頁］。体力をつける必要を悟ると食事を肉食に切り替え，筋肉を鍛えるためにひたすら体操にはげみ，挙句の果ては肉体労働に従事するために放浪の旅に出る［下65頁］。必要な本があれば，力尽きて床に倒れるまで82時間ぶっ通しで読み続けたこともあった［下67頁］。釘で作った剣山に横たわって「万一のばあい」にそなえたこともある［下81頁］。ペテルブルクでは多くの時間を「他人の用事，あるいはとりわけてだれのためでもない用事」にさいている［下73頁］。この設定について訳者の金子氏はラフメートフの「用事」を革命運動と解釈している［訳注下377頁］。カザーニやモスクワの学生に学費を渡しているという設定も革命組織への関与を暗示している。「特別な人間」なのだ。

しかし小説の筋に直接関与しないラフメートフにかなりの紙幅を割くのはなぜか。ラフメートフという形象を登場させることによって，読者を革命運動へ招いているのだろうか。この点についてチェルヌィシェフスキーは，「特別な人間」を登場させることによってヴェーラやキルサーノフ，そしてロプーホフといった「新しい人々」が決して「特別の人間」ではなく，「われわれとおなじような，飾り気のない，普通の人間」であることを読者に理解させるためだ，と作中で説明している［下126頁］。「彼らの立っているところはすべての人間が立たねばならないし，また立つことができる高さなのだ」［下127頁］，ということを読者に理解させるために対比の意味で「特別な人間」は必要だっ

た，という説明である。チェルヌィシェフスキーが読者に対して示す行動の指針は，肉食に徹して肉体改造をしたり，拷問に備えて剣山に横たわったりする「特別な人間」ではなく，普通の人間が到達可能な「新しい人々」，ということになる。「もし自分の発達のために努力する気があるのなら，彼らと同等の人間になることができる」[下127頁]。チェルヌィシェフスキーはこのように読者に訴えるのであった。

　さて，ロプーホフの「自殺」の後，今はキルサーノフ夫人となったヴェーラ，「野蛮な暴力の支配がなくなれば，女性は知的生活で男性を追い越すかもしれない」と語り[下182頁]，「独立した活動の道」を拓く手段として女医を志し，医学の勉強を始める[下197頁]。1861年以降にロシアの大学において女性の聴講が認められるようになったことを考慮すれば，これは物語上の「夢」ではなく，現実のロシア社会で実現可能な「夢」であった。他方，小説の中では，愛のない結婚から解放され，満ち足りた生活の中でヴェーラは「第四の夢」を見る。そこでヴェーラは女神から人類史を通して女性が男性の所有物であったことを示される。女神はルソー以降に男女平等の思想が芽生えたといい，人間は対等の者といるときのみ自由になれると説く[下234頁]。さらに女神は自らが支配するという「王国」をヴェーラに見せる。未来のユートピアである。そこには実り豊かな作物とともに1,000人以上が共同生活をする水晶宮[56)]やアルミニウムといった近代科学技術を象徴する品物も登場する[下236-237頁]。夢の中で女神は「未来は明るく美しい」，と宣言し「未来を愛し，それにむかって突き進みなさい」と命ずるのだった[下251頁]。

　実際，ヴェーラの裁縫店は繁盛し，二軒目の工場を稼働させている。ここでも最初の裁縫店と同様に，所定の給料とは別に，工場の利益が女工たちに配当される。共同住宅や共同購入の原則も維持される。工場の利益は自分の配当になるので女工は勤勉に働き，共同購入によって消費は割安だ。「新しい社会」のモデルとしては，フーリエのファランジェよりはオーウェンのニュー・ラナーク工場の経営やロッチデールの協同組合に近い。

　そうこうするなかで，やや唐突にカテリーナ・ヴァシーリエヴナとチャール

ズ・ビューモントという新しい人物がこの小説の舞台に登場する。カテリーナは「口にするのも恐ろしいほどの財産を持つ」大富豪ポーロゾフの一人娘であり，ジョルジュ・サンドの愛読者でもある［下306頁］。ところがこのポーロゾフ，商売で失敗して破産してしまう。彼の工場を買収に訪れたのが英国商社の代理人，ビューモントである。ところがカテリーナは父の破産を一向に悲しんではいない。むしろ財産目当ての「卑屈な，退屈な，忌まわしい群衆が離れ去った」ことを喜び［下307頁］，「トルコ的な無知と日本的な無力」に満ち溢れたロシアという環境で「やりがいのある仕事」を求めている［下314頁］。彼女もまた，「新しい人」なのである。

　小説の終わりに近づいた部分でカテリーナはビューモントと結婚し，「やりがいのある仕事」がカテリーナとヴェーラをつなぐのだが，やや強引な筋回しでビューモントが実はヴェーラの元夫，ロプーホフであることが分かる仕組みになっている。ヴェーラのキルサーノフへの愛を知ったロプーホフは自殺を装って自ら身を引いたのであった。その後，ヴェーラとキルサーノフ夫妻，カテリーナとビューモント（ロプーホフ）夫妻は「隣り合った住居」で暮らし［下346頁］，一種の共同生活を始める。「新しい人々」が三角関係という問題を理性的に解決したのだ。

　ところで小説の最後の部分で，本筋を離れて「喪服の婦人」が登場する。若者から「おかみさん」と呼ばれているので，彼らよりは年上だ。訳者の金子氏は「チェルヌィシェフスキーの妻オリガ・ソクラートヴナを暗示する」と解釈しているが［訳注下379頁］，妥当な解釈だろう。チェルヌィシェフスキーが逮捕されたが故に「喪服」をまとっているのだ。このように解釈すると，「1865年」という舞台設定で「あかるいバラ色の服」をまとって「30歳ほどの男」と馬車に乗ってパサージュに出かける場面はチェルヌィシェフスキーの解放を象徴しているのであろう。かくして小説の最初に著者が予告しているように「事件は祝杯と歌とともに楽しくおわる」のである［上27頁］。

おわりに

　最後に,『何をなすべきか』をいかに読むべきか, という問題を考察して「おわりに」に代えたい。

　まず指摘するべきは, この小説に芸術性を求めても無駄だ, ということである。彼自身, 小説の中で「私には芸術的才能のかけらさえない」,「自分には芸術的才能のかけらさえなく, 私の小説がはなはだできばえの悪いものだ」ということを認めており,「この小説のすべての価値はその真実性によってのみ与えられる」と語っている［上28頁］。訳者の金子氏も「芸術性にとぼしい幼稚な作品」と評したH.ヴァレンチーノフの回想を引用している［訳者のまえがき上6頁］。別の訳者も,「『芸術的才能』の不足については作中でも一度ならずあっさり認めており……それに同意せざるを得ない点もなしとはしない」としている[57]。また, 研究者からも「『何をなすべきか』の中で描かれている人々は, 非人間的な側面をもつ全くドグマ化された人間類型に陥っている」との厳しい評価もある[58]。この小説の価値は, その芸術性にあるのではなく, その「真実性」にあるのである。

　次に指摘したいのは, この小説が大学改革（公開講義, 日曜学校）, あるいは女性問題の提起といったクリミア戦争後のロシアの一般的改革風潮を反映している点である。作中の「新しい人々」の生活は「第四の夢」で女神が指し示すユートピアに至る中間地点, 実現可能な近未来の見取り図である。したがってこの小説は,「新しい人々」の物語であって「特別な人の物語」ではない。未来を愛しそれに向かって突き進む,「特別でない」人々の物語なのだ。

　実際, この小説執筆開始直前に獄中から妻（友人[59]）オリガに宛てた手紙で, チェルヌィシェフスキーは大部の学術著作, およびそれをもとにして「学者のみならず公衆全体」に向けた「知識と生活の百科全書」, さらにその「百科全書」を改作して「小説以外読まないような読者全員が理解できるように」「最も軽く, 通俗的な精神で」「ほとんど小説のような体裁」のものを書く計画を

明らかにしている[60]。ここで計画されている「ほとんど小説のようなもの」こそ，小説『何をするべきか』と理解すべきだろう。そうだとすれば，この小説は革命家を目指す「特別な人」ではなく，一般公衆に向けて書かれた啓蒙書であると解釈すべきである。

このようにこの小説を解釈した場合，この小説の「革命性」，および「革命的民主主義者」としての著者チェルヌィシェフスキー像は，当然のことながら批判的分析の俎上に載せられるべきであろう。

すでに述べたとおり，農奴制改革の議論の中でチェルヌィシェフスキーは勤労者農民の立場から私有財産制と自由主義経済を批判し，これに対抗するメカニズムとして共同体的土地所有と組合型の工場経営を提示した。この意味で彼の批判は根本的かつラジカルである。言葉の定義の仕方にもよるが，これを「社会主義」ということもできよう。しかし，別稿でも指摘した通り[61]，彼の「社会主義」は経済的にも政治的にも現行秩序と矛盾しない。チェルヌィシェフスキー自身も力説しているように「あらゆる国家形態と等しく併存すること」が可能なのだ[62]。実際，小説の中でもヴェーラの裁縫店は帝政ロシアの貨幣経済の中で運営されている。チェルヌィシェフスキーの「社会主義」は革命的変革を必要とせず，現行秩序とも共存可能なのである。

とすると，著者チェルヌィシェフスキー自身の「革命性」についても重大な疑惑が生じる。もちろんこれも言葉の定義の仕方によるが，暴力的な政府転覆やそのための非合法組織活動という文脈で「革命家」を理解するのなら，裁判において革命組織，および檄文の作成配布との関与を立証されなかったチェルヌィシェフスキーを「革命家」と呼ぶことには無理がある。むしろ「革命家チェルヌィシェフスキー」像は，皇帝政府と読者公衆の双方が作り出した「ファントム」である[63]，との説に説得力がある。チェルヌィシェフスキーは「危険な革命家」というよりは「平和なジャーナリスト」と位置付けるべきであり，小説『何をなすべきか』は革命家同志に向けられた「活動の綱領」というよりは一般公衆に新しい生き方を示す，生活の啓蒙書と理解するべきであろう。

このように考察すると,『何をなすべきか』は「革命的民主主義」小説としてではなく,別の読み方をするべきであり,「革命的小説」とは別のところにこの小説の価値を求める必要がある。ポスト・ソヴィエト体制という現代的文脈で小説を再読するなら,「特別な人」,革命家ラフメートフの非日常性ではなく,現実生活との連続性を持つ「新しい人々」の生き方に着目して『何をなすべきか』を再読するべきであろう。

　「新しい人々」の生き方とは,とりもなおさず「理性的エゴイズム」に裏打ちされた人間関係,男女の在り方である。すでに述べたように,「理性的エゴイズム」とは,他者の幸福を自らの幸福と感じ,他者の幸福を合理的に追求する倫理観である。その意味で「倫理的エゴイズム」は百科全書派的な啓蒙的合理性の延長線上にある。ただし,この「倫理的エゴイズム」はチェルヌィシェフスキーにおいて,西洋近代における啓蒙的個人主義が弱肉強食の自由競争経済をもたらしたことの批判反省のうえに成立している。したがって封建的で非合理な社会制度や家族制度に対する批判という啓蒙主義の課題を背負いつつ,「同胞団」による共同体的経済活動という,近代を超える「社会主義的」な地平にもその視野を広げているのである。

　前近代的な束縛から解放され,啓蒙によって近代的自我に目覚めた「新しい人々」は,「理性的エゴイズム」の説く無我同胞の境地によってふたたび共同性を回復し,新しい形で共生的な社会生活に戻っていくのだ。あたかも『社会契約論』でルソーが描く人間が孤独な森の中での生活ではなく,社会へと戻っていったように。あるいはヘーゲルの図式に即せば,この「理性的エゴイズム」は,近代個人主義によって共同体的紐帯を失い弱肉強食状態になった人類がふたたび「原初的形態」たる共同性を回復する契機となるのである。

　そして近代性を克服した「新しい人々」が営む共生の在り方,これが小説『何をなすべきか』が示す生き方であり,チェルヌィシェフスキーが示す女性の生き方なのである。

1)　*Ленин В. И.* Что такое «друзья народа» и как они воюют против социал-

демокраов? // Полное собрание сочинений 5-е издание. М., 1969. Т. 1. С. 280.
2) *Он же*. Из прошлого рабочей печати в России. Там же. С. 93-94.
3) *Он же*. Память Герцена. Там же. Т. 21. С. 259.
4) *Он же*. Что делать? Там же. Т. 6. С.25.
5) *Демченко А. А.* Н. Г. Чернышевский. Научная биография. Ч. 3. Саратов. 1992. С. 116-117.
6) *Герцен А. И.* Порядок торжествует! // Собрание сочинений в тридцати томах. М., 1960. Т. 19. С. 194.
7) 1861年2月の農奴解放令発布後の「檄文の時代」については，外川継男「檄文の時代」『スラヴ研究』，第16号，1972年を参照。
8) *Еголин А. М.* Михайлов // История русской литературы. М., 1956. Т. 8. С. 161-175.
9) ミハイロフの女性論については，大竹由利子「チェルヌィシェフスキーとミハイロフ：両者の女性観」『スラヴ研究』，第36号，1989年参照。
10) *Михайлов М. И.* Парижские письма. Письмо V // Современник. 1859. Т. 73. С. 163-182.
11) プルードンの保守的な家族観は進歩派の中でも有名だった。後にゲルツェンは回想記『過去と思索』の中で，「うまいスープを作れないほど愚かでなく，夫の論文についてとやかく言うほど賢くない」妻を持つことが「家族の幸福」とするプルードンの言葉を引いて，保守的で伝統的な女性観をプルードンの「度し難い弱点」としている。アレクサンドル・ゲルツェン著，金子幸彦，長縄光男訳『過去と思索2』，筑摩書房，1999年，396頁。
12) Михайлов. Парижские письма. С. 167.
13) *Михайлов М. И.* Женщины, их воспитание и значение в семье и обществе // Современник. 1860. Т. 80. Кн. 2. С. 473-500; Т. 81. Кн. 1. С. 89-106.
14) *Михайлов М. И.* Джон Стюарт Милл. Об эмансипации женщин // Современник. 1860. Т. 84. Кн. 1. С. 221-250.
15) *Михайлов М. И.* Женщины в университете // Современник. 1860. Т. 86. С. 499-507.
16) Там же. С. 500.
17) Там же. С. 505.
18) *Санд Ж.* История моей жизни // Современник. 1855. Т. 49. Кн. 1. С. 1-30; Т. 49. Кн. 2. С. 127-160; Т. 50. Кн. 1. С. 1-35; Т. 52. Кн. 1. С. 1-24.
19) *Она же.* Жизнь Жоржа Санда // Современник. 1856. Т. 56. Кн. 2. С. 162-194; Т. 57. Кн. 1. С. 19-43; Т. 57. Кн. 2. С. 122-161; Т. 58. Кн. 1. С. 48-72; Т. 58. Кн. 2. С. 163-181.
20) *"А."* Жалоба женщины // Современник. 1857. Т. 63. Кн. 1. С. 56-65.
21) 『現代人』編集部は，1859年には5,500だった『現代人』誌の定期購読者数が，1860年には6,598人に上ったと集計している。*"Ан-в Г."* Сведения о числе под-

писчиков на «Современник» 1860 г. // Современник. 1861. Т. 85. Кн. 1. С. 203.
22) *Демченко А. А.* Н. Г. Чернышевский. Научная биография (1828-1858). М.-СПб., 2015. С. 364.
23) スラヴ派の言論活動については，拙稿「古典的スラヴ派の言論活動」，『文化と言語』第80号，札幌大学外国語学部，2014年参照。
24) スラヴ派の共同体論については，拙稿「スラヴ派の共同体論における『ナショナル』意識」，『札幌法学』第29巻第1・2号合併号，札幌大学，2018年参照。
25) *Чернышевский Н. Г.* Архив историко-юридических сведений // Современник. 1855. Т. 53. Кн. 1. С. 6.
26) *Он же.* Славянофилы и вопрос об общине // Там же. 1857. Т. 63. Кн. 1. С. 119.
27) *Он же.* Заметки о журналах // Там же. 1857. Т. 62 Кн. 2. С. 338.
28) *Он же.* «Русская беседа» и славянофильство // Полное собрание сочинений. Т. 4. С. 729.
29) *Он же.* STUDIEN // Там же. Т. 4. С. 303.
30) *Он же.* Ответ на замечания г. Провинциала // Там же. Т. 5. С. 153.
31) *Он же.* «Русская беседа» // Там же. Т. 4. С. 729.
32) 「同胞団」という訳語については，武井勇四郎『チェルヌィシェフスキーの歴史哲学』法律文化社，2000年，222頁に負っている。
33) *Чернышевский.* Ответ // Там же. Т. 5. С. 153.
34) *Он же.* «Русская беседа» // Там же. Т. 4. С. 729.
35) *Он же.* Борьба партий во Франции при Людовике XVIII и Карле X // Полное собрание сочинений. Т. 5. С. 216.
36) 石川郁男「チェルヌィシェフスキーの経済学」，金子幸彦編『ロシアの思想と文学』，恒文社，1977年，253頁。
37) 実際に勅語がペテルブルクの新聞に発表されたのは3月5日になってからだった。*Милютин Д. А.* Воспоминания 1860-1862 / Под редакцией Захаровой Л. Г. М., 1999. С. 64.
38) Евфимий Васильевич Путятин (1803-1883). 1853年に長崎に来航し，55年に日露和親条約を締結するなど，もともとはロシア海軍の軍人・外交官だった。1858年7月に文部大臣に就任したものの，大学騒擾の責任を取って翌年1月には辞任している。
39) *Чернышевский.* Научились ли? // Полное собрание сочинений. Т. 10. С. 168-180.
40) 外川継男，「檄文の時代」『スラヴ研究』第16巻，1972年参照。
41) *Чернышевский?* Барским крестьянам от их доброжелателей поклон // Полное собрание сочинений. Т. 7. С. 517-524.
42) *Демченко А. А.* Н. Г. Чернышевский. Научная биография. Часть третья. Саратов. 1992. С. 269.

43) Там же. С. 170.
44) *Герцен А. И.* От издателей // Полное собрание сочинений. М., 1956. Т. 16. С. 214.
45) 外川継男，前掲論文 179 頁。
46) Демченко. С. 283.
47) Там же. С. 279.
48) *Панаева А. Я.* Воспоминания. Л., 1928. С. 446-451.
49) *Кантор В.* «Срубленное дерево жизни». Судьба Николая Чернышевского. М., СПБ., 2016. С. 305.
50) Русские писатели / Под ред. Николаева П. А. М., 1996. 2-е издание. Т. 1. С. 153.
51) *Новикова Н. Н., Клосс Б. М.* Н. Г. Чернышевский во главе революционе-ров 1861 года. М., 1981. С. 261.
52) 長縄光男「『なにをなすべきか』—ラフメートフの形象を中心として」，金子幸彦他編『チェルヌィシェフスキーの生涯と思想』社会思想社，1981 年，234 頁。
53) Р. クロポトキン著，高杉一郎訳，『ロシア文学の理想と現実（下）』岩波文庫，1985 年，232-233 頁。
54) См. *Оранская Т. К.* Роман Н. Г. Чернышевского «Что делать?» // Русская литература. 1972. N. 3.
55) チェルヌィシェフスキー作，金子幸彦訳『何をなすべきか』岩波文庫，1978 年，上巻，26 頁。以後本書からの引用は上下巻の別とページ数のみを文中で示す。
56) 水晶宮 The Crystal Palace は，1851 年のロンドン万国博覧会のパビリオン。万国博閉幕後に解体され，ロンドン近郊のシンデナムに移設された。チェルヌィシェフスキーにとっては近代技術のシンボルであった。См. *Чернышевский Н. Г.* Открытие Сейденгемского дворца, его история и описание // Современник. 1854. Т. 46. Кн. 1. С. 36-44.
57) 浪江啓子「訳者あとがき」『何をなすべきか』新読書社，1985 年，515 頁。
58) 大竹由利子，前掲書，123 頁。
59) サラトフ市のヴァスクレセンスコエ墓地に埋葬されたオリガの墓標には「オリガ・ソクラトヴァ・チェルヌィシェフスカヤ，偉大な革命家の妻にして友人，1833-1918」とある。
60) *Чернышевский.* Т. 14. С. 456.
61) *ОЯ О.* Н. Г. Чернышевский о роли государства в будущем России // Н. Г. Чернышевский. Статьи, исследования, и материалы, Саратов, вып. 17, 2010.
62) *Чернышевский.* Славянофилы. С. 741.
63) *Кантор.* Указ. соч.

第 3 章
アダム・スミス，J.S.ミル，J.M.ケインズにおける人間の幸福論と国家論
―― イギリスの政治経済学説と国家 ――

前 原 直 子

はじめに

　社会科学の使命は，人間1人1人が幸福に辿り着くための法則を明らかにすることにある。アダム・スミス（Adam Smith, 1723-90）は，『国富論』（1776）において，人間諸個人が人生の目標に向かって利己心を発揮すれば，その結果として社会的生産力が高まって社会的利益が増大し，個人と社会が調和した理想的市民社会が実現される，と主張した。『道徳感情論』（1759）において，スミスは，人間諸個人の利己心の発揮は，〈自己の他者に対する是認感情としての共感〉と〈他者の自己に対する是認感情としての共感〉が動機となって，勤勉なる自己努力と「徳」の向上をもたらし，生命力を高めて自己を実現する，と主張した。自己実現とは，利他心を育成して社会の利益のために生きる自分自身の創造，つまり「人間本性の完成」（perfection of human nature）[1] を実現することである。「自然」は，人間に「道徳的諸感情」を与え「共感原理」を通じて，人間を「幸福」へと導く。こうして，スミスは，人間が真の幸福へ辿り着く社会科学の法則＝人生の法則を，「共感原理」にもとづいて，「生命」の維持・再生産→「生活」の維持・再生産→「自己実現」の達成，という〈生命力の発展プロセスの3段階論〉によって説明した[2]。要するにスミスは，利己

心の発揮が利他心＝公共心の喚起に結実すると考えたがゆえに，人間諸個人の利己心の発揮が社会的利益の増大に結実すると，考えたのであった。

しかし，産業革命以後の政治的経済的矛盾はスミスの期待を裏切った，と考えた J. S. ミル（John Stuart Mill, 1806-73）は，『経済学原理』（1848，以下，『原理』と略記）において，株式会社制度の社会的普及・発展とその経営組織改革とによって，労働者が利己心を発揮し，分業・協業制度のなかで，「共感能力」を高めてゆけば，利他心＝公共心を育成できる，と主張した。ミルによれば，1人でも多くの人びとが，自らの利己心の発揮を通じて，利他心＝公共心を発揮できるようになるにつれて，社会は〈利己心の体系＝人間的成長の体系〉から，〈利他心（公共心）の体系＝人間愛の体系〉へと移行してゆく。ミルは，『原理』第4編において，「強い人間愛と利害を度外視した献身とに満ちた社会」を理想的市民社会と捉え，人間の「生命」が愛そのものである，として，人間各人が隣人愛＝人間愛に満ちた「生命」にまで自らの生命を高めることができるならば，社会もその生命力を高めて「社会的善」を増してゆく，と考えたのであった[3]。

スミスやミルの考えでは，神はすべての人間に対して，利己心と利他心＝公共心という2つの本性を与えている。そのかぎり人間各人は，利己心の発揮によって自分自身の利益の増大に幸福を見いだして生きる人間から，利他心＝公共心を発揮する人間へと自らの生命力を高め，他者や社会の利益の増大に幸福を見いだして生きる人間へと，成長してゆくことができるのである。

こうしたスミスやミルの政治経済学説は，人間の幸福は《相対的幸福》から《絶対的幸福》への《幸福の価値転換》[4]によって実現する，と主張するものであった。いいかえれば，古典派経済学の学説は，不完全な自分から完全なる自分への人間的成長を通じて，不完全な社会から完全なる（理想的な）社会を構築しようと企図した学説であった。

しかし，20世紀の大不況を眼前にした J. M. ケインズ（John Maynard Keynes, 1883-1946）から見れば，古典派経済学の学説は，社会における調和は神によって実現する，つまり，社会の可変性を人間各人の人間的成長に求め

る，という学説であり，あまりにも楽観的な主張に思えてならなかった。

そこでケインズは，1936年に『雇用・利子および貨幣の一般理論』（以下，『一般理論』と略記）[5] を公刊し，スミスやミルとは異なる概念に着目し，新しい政治経済に関するビジョン（思考方法）を提示した。具体的にはケインズは，完全雇用ではなく不完全雇用に，生産＝供給ではなく消費＝需要に，小さな政府ではなく大きな政府に着目し，人間の幸福を実現するための新しい経済理論装置と国家政策を提示したのであった。

以上の点をふまえて，本章では，スミス，ミル，ケインズにおいて，人間の幸福を実現するための経済理論装置と国家政策を，筆者独自の視点である〈生命力の発展プロセスの3段階論〉[6] を基軸として考察していきたい。

1．アダム・スミスにおける人間の幸福論＝〈生命力の発展プロセスの3段階論〉と国家論

1-1　アダム・スミスにおける人間の幸福論＝〈生命力の発展プロセスの3段階論〉

本節では，スミスの『道徳感情論』『国富論』の思想を総合的に把握する視点に立って，スミスがこの2冊の大著のなかで，人間諸個人が「生命」の維持・再生産→「生活」の維持・再生産→「自己実現」の達成，というプロセスを経て，人間的に成長して「心の平穏」のなかに真の「人間の幸福」を見いだすに至るという人生の法則，すなわち人間の〈生命力の発展プロセスの3段階論〉という人生の法則を明らかにしたことを主張する。

スミスは，人間諸個人が自らの「生活」のなかで利己心の発揮と勤勉なる努力を通じて「徳」の向上を目指し，「心の平穏」のなかに真の幸福があるという認識・自覚に至ることを期待した。それは，〈生命力の発展プロセス〉を通じて，《相対的幸福》から《絶対的幸福》へと《幸福の価値転換》を図る「人間本性の完成」の過程である。スミスの重要な主張点は，以下の通りである。

人間諸個人は，①「生活必需品」の獲得，②「便益品」の獲得，③「奢侈

品」の獲得，へと人生の目標が高まるにつれて，自らの生命力が高まる，という〈生命力の発展プロセスの3段階論〉をスミスは提示した。この〈生命力の発展プロセスの3段階論〉は，人間諸個人が幸福に至るための人生の法則である。人間は貧しい時には，より高い金銭，地位，名誉を求めて，より豊かな人生を辿ることを考える。すなわち，より高い「社会的賞賛」を獲得しようと考える。

しかし，労働者は，資本家のもとで仕事＝労働に従事し，たとえ高賃金を獲得できるようになっても，容易に「奢侈品」を手に入れるまでにならない。そこには，自分の個性＝自己能力を高めるための努力と忍耐が必要とされる。強い忍耐力と高い個性＝自己能力を身につけた者は，より多くの金銭や地位，名誉を獲得しうる新たな環境へと自らを押し立ててゆくことができるだろう。人間の幸福は，何よりもまず，自分の望む自分を創造することにある。こうした道は，「財産への道」(road to fortune)である。

人生には「財産への道」と「徳への道」(road to virtue)がある[7]。「財産への道」を辿ることは，人生の出発点においては重要ではあるが，ある一定の生活水準に到達した後には，「心の平穏」を求めて生きる「徳への道」を辿るべきである。それは，人間の本性には，利己心に加えて利他心＝公共心が存在するからである。人間諸個人は，人生の目標に向かって利己心を発揮すれば，それによって生命力が高まり，〈自己の他者への是認感情としての共感〉能力が高まり，見知らぬ他者をより多く受け入れ，自らの愛を注ぐことができるようになる。それは「徳への道」である。しかし，そうした認識に至る人びとは少数者である。

スミスは，「財産への道」を辿るプロセスのなかに自らの幸福を見いだす大多数の労働者による〈生命力の体系＝生産力の体系〉と，「財産への道」を辿るプロセスのなかで「道徳的諸感情」を涵養し，「徳への道」を辿るプロセスのなかに幸福を見いだす少数のエリートたちを輩出しうる〈生命力の体系＝「徳」の体系〉を構築し，新たな時代を開拓する政治的・経済的指導者が育成されることを期待したのである。

その意味でスミスにおける生命力の体系は，生産力の体系＝「財産への道」を辿るプロセスのなかで利己心を発揮して人間の幸福を目指す〈生産力の体系＝利己心の体系〉と，「徳への道」を辿るプロセスのなかで利他心＝公共心を育成して人間の幸福を目指す〈生命力の体系＝「徳」の体系〉との2つの体系によって成り立っている，ということができる。「財産への道」から「徳への道」へと人間的に成長する世界，すなわち《幸福の相対的価値》に従った人間の幸福（《相対的幸福》）から，《幸福の絶対的価値》に従った真の意味での人間の幸福（《絶対的幸福》）へと辿る人間的成長の世界を，スミスは描いているのである。

以上の如く，スミスの『道徳感情論』と『国富論』の基底には，人間諸個人が幸福に辿り着くための社会科学的法則＝人生の法則が主張されている。このことは，これまでに指摘されてこなかった本研究の独自な主張である。スミスにおける人生の法則とは，人間諸個人が自らの「生命」をどのように使用すれば幸福になれるのか，という問題に対して，ある一定の道筋を提示した社会科学的法則である。以下では，〈生命力の発展プロセスの3段階論〉を，人間の幸福論との関連で考察し，スミスにおける〈生命力の体系〉を解明する。

(1) 人間の「生命」の維持・再生産

スミスの考えでは，まず第1に人間の「生命」とは，今日の「生命」を明日へとつなげてゆくこと，つまり，生存してゆくことである。一言でいえば，「生命」＝「生存」である。

人間諸個人にとって「生きる」とは，自分個人の「生命」を維持・再生産してゆくことである。自らの生命を今日一日，安全安心に維持できれば，人間は幸福である。人間が自らの「生命」を温存するためには，ひとつには，食べてゆくこと，もうひとつは，自らの「生活」を通じて子孫をつなぐということが必要である。人間は，自分の生命の重要性に感謝し，自分自身を愛する自己愛を持ててこそ，他者の生命を大切にする心，他者を愛する利他心を持つことができるのである。したがって，人間の「生命」とは「生存」であり「愛」で

ある。

(2) 人間の「生活」の維持・再生産

　第2に、人間の「生命」とは、人間諸個人が自らの「生命」を「自分のために」使用し活用することである。人間諸個人が自らの「生命」を使用し活用して、「生活」してゆくためには、人生の目標が必要である。スミスによれば、人生の目標とは、①「食料品」を獲得するために自らの「生命」を使用すること、②「生活」に必要な「便益品」を揃えるために自らの「生命」を使用すること、③「奢侈品」などの贅沢品を獲得するために自らの「生命」を使用すること、である。スミスは、人間諸個人の「生命力」の発展プロセスを3段階で描いている。人生の目標は、それが1つずつ達成されるほどに高くなり、より高い地位や名誉、金銭を追求してゆくことになる。

　人間諸個人は、本性として利己心があるかぎり、自らの利己心を満たしてゆくことが幸福である。より高い金銭や地位、名誉を獲得するためには、個性＝自己能力を高める「勤勉」な「自己努力」以外にはない[8]。だからこそスミスは、人間の生命力を高める要因として、人生の目標と人間の利己心の働きを重視したのである。

　スミスによれば、何よりもまず、人間諸個人は、自分自身の生命を自分自身のために使用しなければならない。資本家は、商品を生産し、それを販売して自分自身の利益を獲得して、利己心を満たしてゆくことに生きる喜びを感じる。労働者もまた自らの生活水準を向上させるために、日々の生活のなかで最善の努力を払ってゆく。自己を改善し、新たな自分自身を創造して、より豊かな経済生活を手に入れて、自らの地位や立場を押し上げて、他者からの賞賛＝「社会的賞賛」を得ることに、人間は生きる喜びを感じる。労働者であっても、雇用の機会が与えられて貨幣賃金を獲得できれば、自分の努力次第で自らの境遇を改善し、地位や立場を高めてゆくことができる。

　資本家と労働者とは、社会的生産力の向上（原因）→高利潤・高賃金（結果）という原因・結果の作用を通じて、利害対立を回避して利害調和を実現するこ

とが可能となる。したがって，スミスは，人間の努力（利己心の発揮）は，原因・結果の法則を通して，豊かな生活をもたらす，と考えたと言える。

(3) 人間の「自己実現」の達成

第3に，スミスによれば，人間諸個人にとって幸福とは，〈生命力の発展プロセスの3段階〉を通じて，自らの「生命力」を高めてゆくことにある。スミスは，『道徳感情論』第6版において，真の意味での人間の「幸福」とは，「心の平穏」にある，と結論づけた。

> 「幸福は，平穏（tranquility）と享受（enjoyment）にある。平穏なしには享受はありえないし，完全な平穏があるところには，どんなものごとでも，それを楽しむことができないことはめったにないのである」[9]。

人生の目標に向かって努力するプロセスにおいて，困難や試練にぶつかり，それを克服してゆく時，はじめて人は，真の幸福とは「心の平穏」にあり，神と心をひとつにして生きることにある，という境地に達する。スミスによれば，神の真意は「良心」に従って生きること，自分の「生命」を社会に役立てることにある。そこに，人間の真の幸福があるのである。人間の真の幸福とは，利他心＝公共心を発揮して，自分の「生命」を社会に貢献して生きる自己を実現することのなかにある。「自己実現」とは，したがって人間が利己心を発揮することを通じて「徳」の向上を図り，「心の平穏」を獲得する「人間本性の完成」にある，とスミス考えた。

1-2 スミスにおける人生の幸福論＝〈生命力の発展プロセスの3段階論〉と国家論

スミスにおいては，人間諸個人の利己心の発揮の重要性は，〈生命力の発展プロセスの3段階論〉を基底において整理することが可能であり，同時に国家＝政府の職務の重要性が主張されている。このことを念頭に置いて，スミス国

家論について考察してみよう。『国富論』第5篇によれば，国家＝政府の必然的職務は，①司法，②国防，③公共事業の3つである。

(1) 国家の職務：司法

スミスは，社会的法＝社会的正義の範囲を超えて生存を脅かす行為，さまざまな犯罪を取り仕切る職務は，国家の最も重要な必然的職務である，と主張した。

すべての市民・国民の安全，生活の安心を保障するためには，国家＝政府がその経費を支出しなければならない。国家の安寧を保障することこそ，国家＝政府の第1の必然的職務である。国家が安全な社会的，国家的環境をすべての市民・国民に保障することによって，資本家階級も労働者階級も，自らの「生命」を安全に使用し，商品の生産のために利己心を発揮できるのである。

たとえば社会的，国家的に危険な環境状態のもとでは，資本家は警備員を雇用せざるをえなくなる。このことは，資本家の経費の増大を余儀なくし，その経費が商品価格に転嫁されると，商品価格の値上げとなるであろう。あるいはまた反社会的行為を行う不徳な者たちが増大すれば，それは社会における不生産的労働者（警察官，警備員など）の増大，そして生産的労働者の減少を促し，社会的生産力は低下し，一国の資本蓄積の順調な進展を阻害する原因となる。

かくてスミスは，国家＝政府における司法の職は，暴力社会の実現可能性を否定し，安全，安心な環境を社会的・国家的に提供するために最も重要な必然的職務である，と主張した。

したがって，スミスの社会科学体系は，〈生産力の体系＝利己心の体系〉を基底に置いて人間諸個人の生命力の向上を要請する道徳的体系である，ということができる。スミスは，人間諸個人の利己心の発揮が人間諸個人の生命力＝生きる力を高め，人間諸個人の「共感能力」の向上を通じて生命力＝道徳力を高め，そして「心の平穏」に人間の幸福を認識・自覚しうる状態へと自己改善しうることの実現可能性を社会科学的に論証したのである。

スミスによれば，すべての市民・国民に私有財産を保障すること，そのため

に国家は司法の職務また国防，公共事業の職務を遂行すること，それによって人間諸個人が自らの利己心の発揮によって道徳的向上を図れるように導くことが重要である。

(2) 国家の職務：国防

スミスの国家＝政府の第2の必然的職務は国防である。司法と同様に，第2の職務である国防もまた，極めて重要な国家の必然的職務である。

スミスの考えでは，国家の必然的職務とは，すべての市民・国民の私有財産を保障することである。ここで重要なことは，人間諸個人の「生命」もまた，その個人の「私有財産」である，ということである。

しかし，たとえば戦争が始まる事態になれば，暴力的行為が，人間諸個人の「生命」を危機に陥れることになるだろう。さらには，国家は，戦費調達のために増税し，その結果国民の負担は大きくなり，人間諸個人の生活の安定を破壊することになるだろう。

こうしたスミスの主張は，重商主義・植民地政策反対，という主張となって現われる。植民地の反乱を通じて暴力行為が起きると，本国は軍事的圧力を通じてそれを抑えるために戦争を引き起こすことになりかねない。そのため植民地経営は，本国イギリスの国防費の増大を余儀なくした。たとえば植民地においては，イギリスに対する反乱が起きる可能性があるため，あらかじめ国防費＝軍事経営費の予算を大きくする。植民地経営は，国民の税金の高騰を引き起こし，国家の負担を大きくするだけでなく，商品生産の減少を通じて，国民の生活水準を押し下げる可能性を引き起こす。それゆえスミスは，植民地経営をやめて，自国の平和を優先すべきだ，と主張した。

(3) 国家の職務：公共事業

第3に，国家の必然的職務は，国内においては経費のかかる公共事業の遂行にある。商業を助成し，教育を振興するための公共施設を設置し維持することは，重要な国家の必然的任務である。道路，交通機関の整備は，市場をむすび

商業を円滑に振興していく。こうした莫大な経費のかかる事業は，政府が引き受け，できるだけ多くの仕事を民間企業＝資本主義的企業に委ねる「社会的分業」体制によって，一国の資本蓄積の順調な進展を図るべきだ，とスミスは主張した。

スミス国家論の特質は，①社会の仕事は，できるだけ民間企業＝資本主義的企業に任せること，②国家は「安価な政府」のもとで国営の仕事と民間企業の仕事との「社会的分業」体制を構築し，資本蓄積の順調な進展を通じて社会的生産力を高め，社会全体の生活水準を押し上げること，③そしてすべての市民・国民を「財産への道」へと導いて，〈生命力の発展プロセス〉を通じて「自己実現」に至る道筋，すなわち人生の法則に従った《絶対的幸福》に至る道筋を与えることに全力を尽くすこと，以上がスミス国家論の特徴である。

公共事業も，司法，国防と同様に国家＝政府の必然的職務である。それは，私的な存在としての個人，民間企業，株式会社などが，遂行することができない職務である。スミスによれば，司法にせよ，国防にせよ，公共事業にせよ，政府＝国家でなければ遂行できない。たとえば，道路工事，舗装工事，港湾の建設，灯台の設置などの公共事業は，大きな費用がかかるため，税金によって，政府＝国家が運営して遂行したほうが，能率的であり，容易に運営・遂行することができるからである。

スミスの国家論の基本的な考え方は，以下のとおりである。

①政府＝国家の職務は，すべての市民・国民の「生命」の安全を保障し，「生活」の安心を保障し，「私有財産」を保障して，人間諸個人が自らの利己心を発揮して生活水準を向上することによって《相対的幸福》を実現してゆくことにある。

②政府＝国家の職務は，民間企業との「社会的分業」体系を構築し，政府＝国家でなければ運営・遂行できない仕事以外は，できるかぎり民間企業にその仕事の運営・遂行を委ね，「小さな政府」のもとに，資本家の増大を図る一方で，より少ない不生産的労働者とより多くの生産的労働者との調和を図り，資本蓄積の増進に伴う社会的生産力の向上を通じて，社会全体の生活水準を押し

上げることにある。

　③人間諸個人がある一定の生活水準（食料品や便益品）を獲得した後においては，人間の幸福は物質的・経済的利潤の増大ではなく，精神的充足を追求して生きることが重要である。したがって，政府＝国家は，人間諸個人が自らの利己心を発揮するプロセスのなかで「共感能力」を高めて「心の平穏」のなかに《絶対的幸福》を発見し，「自己実現」に真の幸福を見いだせる状態へと人間的成長を辿ってゆける市民社会の体系＝「自然的自由の体系」を構築することが急務である。一言でいえば，政治＝国家の職務は，人間諸個人が〈生命力の3段階の発展プロセス〉を通じて《相対的幸福》から《絶対的幸福》への《幸福の価値転換》を図れる人生の道筋を創出し，〈生命力の体系＝幸福の体系〉を構築することにある。

　④政府＝国家の職務は，利他心＝公共心を培った「有徳の人」が携わる職務でなければならない。それゆえスミスは，国家論において，利他心＝公共心を培った「有徳の人」が携わる職務としての政府＝国家の職務と，利己心を起動力とした利益の増大を目指すありふれた市民（資本家や労働者）が携わる職務としての私的な個人や民間企業との「社会的分業」体系の構築を企図したのであった。

　スミスの考えでは，政府＝国家は，自らの「生命」を自らの私的利益の増大のために利己心を発揮する大多数の人間（いわゆる合理的経済人）の仕事と，自らの生命を社会的，国家的利益の増大のために，利他心＝公共心を発揮する少数の人間の仕事との「社会的分業」体制を構築しなければならない。

　従来の研究では，スミスの社会科学体系を「生産力の体系」として捉え，利己心を発揮する人間の創出こそが，スミス政治経済学の使命である，と主張されてきた[10]。

　しかしスミス政治経済学においては，大多数の人間の利己心の発揮だけではなく，少数の「有徳の人」による利他心＝公共心の発揮によって，人間諸個人がそれぞれの使命に応じて自らの「生命」を自由に発揮し，その両者が調和的に活躍できる市民社会の実現可能性が主張されたのである。したがって，スミ

ス政治経済学においては，利己心の発揮に加え，利他心＝公共心の発揮ということも重要な問題として議論の俎上に乗せられて考察されているのである。

2．J.S.ミルにおける人間の幸福論＝〈生命力の発展プロセスの3段階論〉と国家論

2-1　J.S.ミルにおける人間の幸福論＝〈生命力の発展プロセスの3段階論〉

19世紀のイギリスでは，スミスが『国富論』(1776)で主張した，諸個人の自由な利己心の発揮が社会的利益の増大に結実する，という自由主義にもとづく主張のとおり経済的繁栄がもたらされた。しかし，その一方で貧富の格差，労資対立など政治的経済的矛盾が噴出した。

スミスの経済政策論は，自由主義のもとで高賃金の実現する「生産力の体系」であった。古典派経済学においては，生産も分配も，土地収穫逓減法則や人口法則といった自然法則の制約を受ける人為のおよばないものと捉えられた。

それに対して，J.S.ミルは，『経済学原理』(1848)を公刊し，スミスの目的をスミスとは異なる方法で実現し，スミス『国富論』を再構築することを目指した。ミルの経済政策論の特徴は，分配法則は改良可能な社会制度の問題であり，「労働と制欲にもとづく所有」原理に依拠した公正な分配改善政策が，生産力の増大をもたらすとして，社会改良の実現可能性を主張した点にある。こうして『国富論』でスミスが果たそうとした資本蓄積の増大と富裕の全般化という目的を，貴族的大土地所有制度の解体と株式会社制度の社会的普及・発展とそれに伴う経営組織改革の実施を通じて達成できる，とミルは主張したのである。

このことふまえて，以下では，J.S.ミルの幸福論を〈生命力の発展プロセスの3段階論〉に整理して，考察してみよう。

第1に，人間の使命とは，自分自身の「生命」を愛し，自分の存在価値を肯定し自らの人生に明確な目標を持って，前向きに，積極的に生きてゆくことに

ある。人間は，自分の目標を達成してこそ，自分の生命力が高まり，自分を愛してゆけるからである。いいかえれば，人間の幸福とは，自らの「生存」に感謝して生きてゆく自己愛のなかに存在する。

　第2に，人間の使命は，自ら定めた人生の目標に向かって利己心を発揮して生きることである。人間の幸福とは，自分の「生命」を自分のために使用し，利己心を発揮して自らの個性＝自己能力を高めてゆくことのなかに存在する。

　第3に，人間の使命とは，「人生の美点美質」(graces of life) ＝感動を自らの仕事を通じて広く社会に伝えてゆくことである。人間の幸福とは，自らの「生命」を隣人愛＝人間愛へと高め，さらには社会愛，人類愛へと高めて，他者や社会のための利他心＝公共心を発揮して，生きてゆくことのなかに存在する[11]。

　J. S. ミルにおいては，人間の幸福は，以上のように〈生命力の発展プロセスの3段階論〉に整理することができる。ミルの幸福論は，《相対的幸福》から《絶対的幸福》への自覚・認識へと自らを高めてゆく人生の法則に基礎づけられた人間の幸福論である。

(1) 人間の「生命」の維持・再生産

　ミルにとって，第1に，「生命」とは，今日の生命を明日につなぐ，という意味で「生存」である。

　『原理』第2編で，労働者階級は，「露命をつなぐ」だけの貧困のなかにあって自分に対する利害関心も持てず，それゆえ当然，利己心を発揮できずにいた。ミルは，大多数の労働者階級の生命力が低い原因を，現状の不完全な私有財産制度にある，と主張した。すなわち，労働者は貧困で生活水準が低いために，教育を受けられず，「知的・道徳的水準」も「共感」能力も低い。かれらは「共感」能力が低いがゆえに，人生の目標を見いだすことができず，利己心を発揮することができず，したがって利他心＝公共心を涵養できない。その結果，労資対立が激化していた。しかしそれは，労働者自身の問題ではなく，利己心を喚起しえない社会制度と教育制度に原因があった。こうした矛盾を生み出している最大の要因は，不完全な私有財産制度である，と見定めたミルは，

教育制度と社会制度の改革を主張した[12]。

　ミルによれば，すべての市民・国民は，人間の「自然的な状態」に達していなければならない。「自然的」とは，第1に，ありのまま，つまり現実的な状態という意味である。第2に「自然的」とは，「あるべき」という意味であり，「相対的」，「理想的」という意味である。第3に「自然的」とは，「絶対的」存在の視点からの意味を有する内容であり，具体的には「公共的」という内容を有するものである。

　このようにミルの「自然的」という意味内容を整理して理解するならば，第1に，労働者階級のありのままの「自然的」状態は，利己心を発揮できない状態，つまり自分に利害関心を持てない状態である。

　しかし人間は，本性として利己心を有している以上，人間の「自然的」状態とは，第2に，「あるべき」，つまり「理想的」状態である。したがって，「理想的状態」である人間の「自然的」状態とは，利己心を発揮しうる状態，と意味づけることができる。

　人の人生には，常に理想＝人生の目標が必要である。人は，人生の目標を達成した時，「現実の自分」から「理想の自分」へと自らの自然的状態を高めることになる。人生の目標を達成した時，「自然的状態」＝「理想的状態」に到達することができる。こうして人間各人は，人生の目標に向かって利己心を発揮し自分の望む自分，自分の成りたい自分を創造してゆくことができる。人生の目標は，人間各人の個性＝自己能力に応じて異なる，という意味において，「相対的」な理想である。したがって「自然的」とは，「相対的」という意味を有するのである。

　しかしミルによれば，人間の「あるべき」状態＝「理想的」状態は，「利己的」状態のみならず，「公共的」状態として意味づけられている。したがって第3に，人間の「自然的」状態とは，「公共的」状態である。人間の「自然的」状態＝「公共的」状態とは，たとえ自分を犠牲にしても，「公共善」（public good）のため，他者や社会のために自分の生命を使用しうる状態のことである。

　人間の心には，自分の利益を優先して物事を考え，そして自己利益の増大の

ために行動する，という意味での利己心が内在しているが，しかし同時に人間の心には，他者や社会の利益の増大を優先して物事を考え，そして「公共善」の増大のために行動する公共的な心が内在している。

ミルによれば，人間の本性には，利己心に加えて利他心＝公共心がある。そのかぎり，人間各人は，利他心＝公共心に満ちた状態へと人間的成長を遂げてゆかなければならない。

人間各人は，自らの定めた人生の目標に向かって利己心を発揮し，自らの生命を積極的に使用してゆくプロセスのなかで，「知的・道徳的水準」を高め，「共感」能力を高めてゆけば，〈知的道徳的美的水準〉が向上して，「人生の美点美質」を発見し，その感動を自らの仕事を通じて伝えてゆくことに，自らの使命を見いだすに至るのである。

したがって，「自然的」とは，人間の心に内在する「良心」＝神と心をひとつにして生きる，という意味を有しているのであり，それゆえに「絶対的」という意味を有している。ここでいう「神」とは，「良心」として理解されている。

人間の使命とは，自らの仕事を通じて広く社会に感動を与えることであり，「利他的」「公共的」に生きることである。このことを認識・自覚しえた時，人間各人ははじめて「主体的」「自己貫徹的」に生きることができるようになる，とミルは主張した。したがって第3の「自然的」とは，「主体的」「自己貫徹的」という意味であり，「絶対的」という意味である。

以上から，ミルにおける人間の「自然的」状態とは，人間各人が自らの「生命」を発展させてゆくプロセスを通じての真の幸福に至る人間的成長の状態である。現実的状態をありのままに認めたうえで，個性＝自己能力を発揮しうる状態へと自己改善し，不完全な現実的状態から「理想的状態」へと自己成長させて，利己心を発揮しうる状態から，利他心＝公共心を発揮しうる状態へと自己改善し，人間的成長を果たしてゆかなければならないのである。

ミルの考えでは，不完全な私有財産制度のために，社会の大多数の人びとは，人間の「自然的状態」に到達していない。それゆえミルは，株式会社制度

の社会的普及・発展によって資本蓄積の順調な進展を通じて資本家の投資意欲と労働者の労働意欲を喚起すること，そして同時に，資本家が優れた労働者の支配人への登用や，労働と報酬が一致するように企業内改革＝経営組織改革を行えば，労働者は人間的成長し，利己心の発揮が利他心＝公共心の発揮に結実する，と主張した。

(2) 人間の「生活」の維持・再生産

第2に，ミルにおいては，人間の「生命」とは，「生活」であり「愛」の心を培ってゆくことである。人間の利己心の発揮は，利他心＝公共心の発揮へと結実し，自己愛＝個人愛を超えて，隣人愛，人間愛を育む。

基本的に人間は，人生の目標を達成できた時，自分には，自らの個性＝自己能力の発展を通じて高い存在価値＝独創的価値があることを認識・自覚し，自分自身の「生命」を愛せるようになる。そして自己愛を認識・自覚すれば，自己愛は，他者への愛へと広がり，隣人愛＝人間愛を培い，さらにその愛は社会愛，人類愛へと広がってゆくのである。その意味で人間は，愛の心を深く培ってゆくためには，何よりもまず，自らの個性＝自己能力を高めてゆく必要があるのである。

人間各人は，他者を愛し，他者に愛されることを望む。人間愛に支えられた社会は個人と社会が調和する社会となるが，人間の憎しみ，恨み，悲しみに支えらえた社会は，個人と社会が不調和な社会であり，暴力や戦争につながる社会である。

人間各人と社会が調和してゆくためには，ひとつには，人間各人が人生の目標に向かって利己心を発揮し，自らの望む自分を達成して幸福になることである。いまひとつは，自らの生命を自分のために使用する〈利己心の体系＝人間的成長の体系〉を構築することである。そのためには，株式会社制度の社会的普及・発展によって，労働者階級は仕事を通じて，人生の目標に向かって利己心を発揮する場を与えられる。そのプロセスのなかで，人間各人は人間的に成長し，「共感」能力を高めて，感動の心を発見すれば，自らの私的利益を超え

て社会的利益のために貢献して生きてゆけるのである。

　ミルの考えでは，自分の生命を社会に生かしてゆくためには，他者の存在，社会の存在が極めて重要となる。すなわち他者のために貢献し，喜ばれてこそ，自分の生命が大きく生かされて，私的利益を獲得することができるのである。その意味では，ミルは，社会の利益に貢献してこそ，私的利益が図られる，と考えた。

　ミルによれば，人生の目標とは，人間各人のそれぞれの個性＝自己能力に対応した人生の理想であり，人間各人はその目標＝理想をひとつずつ達成してゆく時，《相対的幸福》を達成しているのである。ミルにとっての幸福とは，社会全体の幸福＝「公共善」に尽くしてこそ個人の幸福が実現するという〈公共心の体系＝人間愛の体系〉を志向する。私的利益の増大は，社会の利益の増大に結実しなければならない，というミルの自由主義思想は，極めて重要な現代的意義があるといえるだろう[13]。

(3)　人間の「自己実現」の達成

　第3にミルにとって「生命」とは，自らの定めた目標に向かって利己心を発揮して個性＝自己能力を高め，自らの存在価値＝独創的価値を高めて，利他心＝公共心を涵養して，他者や社会に貢献してゆく「自己実現」のなかにある。このことは，『自由論』(1859) に主張されている。

　　「個性が発展と同一事であり，個性の育成のみが十分に発展した人間を生む」[14]。
　　「独創性が人間社会における価値ある要素であることは，だれも否定しないであろう」[15]。

　人間各人は，自ら定めた人生の目標に向かって利己心を発揮し，自らの仕事を通じて自らの個性＝自己能力を高め，したがってまた，自らの存在価値＝独創的価値を高めてゆくとともに，自らの「知的・道徳的水準」を高め，高い

「共感」能力を培ってゆけば，そのプロセスのなかである特定の他者に，自らの究極の理想的人間像を発見し，自らの心の奥底に眠っていた感動の心を発見し，私的利益の増大よりも社会的利益の増大のために自らの「生命」を使用し，自らの愛＝人間愛に従って，利他心＝公共心を発揮して生きてゆけるようになるのである。その結果，人間各人は，《絶対的幸福》の増大を追求する生き方へと《幸福の価値転換》を果たし，自らの仕事を通じて広く社会に感動を伝えてゆくことに自らの使命を見いだすことができるようになるのである。

　　「この存在［善なる存在，すなわち神—引用者］がすべての人間的能力を与えたのは，それらが育成され開花させられるためであって，根こそぎにされ消し尽くさせられるためにはない。そして神は，自己の創造物（すなわち人間）がそこに具現された理想的概念にいくらかでも近づくたびに，また彼らの理解，活動，享受の能力のいずれであれそれがいくらかでもますたびごとに喜ぶ」[16]。
　　「人間各人は，その個性的な発展に応じて，自分自身にとってますます貴重なものとなり，したがって他人にとってもいっそう貴重な存在となることができる。彼自身の存在にはより充実した生命が満ち，また個々の単位により多くの生命がみなぎると，それから構成されている全体［社会，国家—引用者］により多くの生命がみなぎるのである」[17]。

それゆえミルにおける自己実現とは，広く社会に自らの感動を与える使命を果たしてゆくために，自らの愛を深く培い，より完全なる状態へと自らの生命力を高めてゆくことを意味するのである。

このことは，ミル功利主義論との関連においても，重要となる。J. ベンサム（Jeremy Bentham, 1748-1832）の功利主義の再構築を目指したミルは，「人間愛」を功利主義の黄金律に見定めた。愛とは，受け入れること，認めあうことであり，いいかえれば他者を排除しないことである。人間各人がお互いの生命＝個性＝自己能力，すなわち存在価値を受け入れ，認めあい，支えあう社会

こそ，人間愛に満ちた社会である[18]。

2-2　J.S.ミルにおける人間の幸福論＝〈生命力の発展プロセスの3段階論〉と国家

　ミルの理想的市民社会は，株式会社を中軸とした資本主義的企業と労働者同志のアソシエーションを中軸としたアソシエーションとの2つの異なる経営組織によって支えられた社会であり，「労働と制欲にもとづく所有」原理が社会全体に貫徹した社会である。株式会社制度の社会的普及・発展は，アソシエーション形成の制度的基盤であり，理想的私有財産制度の確立のためには，極めて重要な役割を果たすことになる。

　私説では，こうした古典派経済学の考え方は，現代においても極めて重要な意義がある。

　まず第1に，ミルは，『原理』第2編において理想的社会を「理想的私有財産制度」である，と主張した。ミルにおける「理想的私有財産制度」とは，「労働と制欲にもとづく所有」原理が社会全体に貫徹する社会のことである。ミルは，株式会社制度を「労働と制欲にもとづく所有」原理が資本家に保障された社会制度の具体的形態である，と考えた。ミルは，社会的生産力視点に立脚して，『原理』第1編「生産」論において，株式会社制度の社会的普及・発展を通じての資本蓄積の順調な進展によって，一国の利潤率は上昇し，富裕が全般化した経済的に豊かな社会が実現する，と主張した。

　資本家は，資本＝生産手段の所有者であるが，資本＝生産手段の形成にあたって資本家は，自らの貯蓄を「制欲」して貯えて資本形成する。そして資本家は，その資本を使用して生産手段を購入し，労働者を雇用して商品を生産して販売して利益を得る。その際，資本家は監督労働という「労働」に従事する。したがってミルにおいては，資本家は「労働と制欲」に従事する存在と捉えられた。

　このように株式会社制度は，資本家の「労働と制欲にもとづく所有」によって成立する社会制度である。その意味で株式会社制度は，ミルにとって社会的

に正当化された社会制度＝企業制度である。

株式会社制度は，資本家の利己心の発揮を実現可能とすることによって，資本家に「自由」を保障する。株式会社制度の重要性は，労働者階級との関連でいえば，労働者に①〈生きる場〉，②〈生活の場〉，③〈自己実現の場〉を与えることにある。

第1に，株式会社制度は，労働者に〈生きる場〉を与える。資本家が自らの個性＝自己能力を生かして，金融産業，運輸産業，音楽産業など，さまざまな株式会社を設立すれば，労働者は「職業の選択」を行い，自らの個性＝自己能力を生かした「労働」に従事することができる。

第2に，株式会社制度は，労働者に〈生活の場〉を与える。資本を所有しない労働者は，労働（力）を資本家に提供し，その見返りに貨幣賃金を受け取る。当然，労働者は，貨幣賃金が高ければ高いほど，自らの利己心を満たすことができる。したがって労働者は，高賃金を取得し，より高い地位や立場を獲得し，自らの生活の改善を遂げてゆくために，自らの「知的・道徳的水準」を高め，人間的成長を遂げて，自己を改善してゆくのである。したがって資本家が資本を投資して株式会社を設立して生産活動の場を社会に増やしてゆけば，労働者に対して〈生きる場〉だけでなく，〈人間的成長の場〉を与えることとなる。

第3に，株式会社制度は，労働者に自己実現の必要性を自覚・認識する機会を与える。株式会社制度は，労働者の「生命」の維持・再生産，「生活」の維持・再生産を実現可能とする機会を与えているという意味で，労働者にとって「有益な制度」である。

しかし株式会社制度は，資本家に対して「労働と制欲にもとづく所有」を保障する社会制度＝企業制度であるとしても，労働者に対しては「労働と制欲にもとづく所有」を保障する社会制度＝企業制度ではない。

資本家は，労働者に対して，①経営に対する発言権を与えない，②貨幣賃金の決定権を与えない，③労働者が自らの労働力によって生産した労働生産物に対応する貨幣賃金を支払わない，④労働の選択の決定権を与えない，という形

で労働者の労働を疎外する「有害な制度」でもある。したがって労働者に①〈生きる場〉，②〈生活の場〉を与え，労働者の自己改善＝人間的成長や生活環境の改善の機会を与えるためには，資本家が，企業内改革＝経営組織改革を行う必要がある。資本家による株式会社の企業内改革＝経営組織改革を通じてこそ，労働疎外が改善され，株式会社は労働者にとって「有益な制度」となってゆくのである。そのためには，資本家自身による経営組織改革が不可欠である，とミルは主張した。

　ミルの考えでは，経営組織改革が遂行されて，新しい設備などを導入し，〈「労働能率」の客体的要因〉が改善され，労働者が個性＝自己能力に応じた仕事に従事できれば，人間的成長を通じて〈「労働能率」の主体的要因〉を改善させることによって，より少ない労働で従来と同じ生産物の生産が実現可能となり，利潤の増大と貨幣賃金の増大が達成される。また労働時間の短縮によって，自由時間が増大した労働者は，知力と道徳力を高め，〈自己の他者への是認感情としての共感〉によって，理想的他者を発見し，自己発見→自己実現の機会を増大させることが可能となる。

　その意味で，ミルは，株式会社制度を労働者の教育機関＝〈自己教育の場〉と捉え，株式会社の経営組織改革を通じて，労働者の教育改善を行えば，労働者は人間的に成長し，「共感」能力を高めることができる，と考えた。「共感」能力が高まれば，労働者は他者の存在価値＝独創的価値を尊重し，お互いに他者を受け入れ，認めあい，隣人愛＝人間愛を培って，私的利益と公的利益との結実を図るようになる，とミルは考えた。

　以上のことを簡単にシェーマ化して示せば，つぎのようになる。

　株式会社制度の社会的普及・発展と資本家による経営組織改革→資本家の投資意欲と労働者の勤労意欲の向上→社会的生産力の向上を通じての一国の資本蓄積の順調な進展→労資両階級の個性＝自己能力の向上→労資両階級の利己心の発揮→労働疎外の改善→教育改革→労働者の「知的・道徳的水準」の向上→「共感」能力の向上→〈自己の他者に対する是認感情としての共感〉→理想的自己の発見＝自己発見→感動の心の発見→「自己実現」→アソシエーションの

形成・自立→株式会社制度とアソシエーション組織との自由競争社会の形成が実現する。

アソシエーション組織では，自制力の育成・徳の向上→利己心の抑制・公共心の涵養→私的利益の増大と社会的利益の実現，という経過で理想的市民社会の形成が実現する。

以上，ミルにおける人間の〈生命力の発展プロセス〉を，「生命」の維持・再生産，「生活」の維持・再生産，「自己実現」の達成，という3段階で整理した。経営組織改革によって，労働者が，株式会社のなかで利己心を発揮できるならば，仕事を通じて，個性＝自己能力を高め，「知的・道徳的水準」を向上して，生産能率を高めることが可能となる。そのことにより，社会的生産力の向上と「実質賃金」の向上を果たすことが可能となる。人間各人は，それぞれの労働を通じて，「共感」能力を高め，「人生の美点美質」＝感動の心の発見し，自らの感動を仕事を通じて社会に伝えることに人生の幸福を見いだす，という《幸福の価値転換》を図る。そのプロセスのなかで，人間各人は，利己心→利他心＝公共心→隣人愛＝人間愛というプロセスで愛の心を培ってゆく。

ミルは，資本家が自ら経営組織改革を行ない，①優れた労働者の経営参加，②仕事の成果が貨幣賃金の上昇につながる賃金制度，③適材適所の人材配置，といった改革を行なえば，労働者は，「共感」能力を高めて感動の心を発見し，利他心＝公共心を培い，その結果，「支配従属関係」が残る株式会社にとどまるよりも，自立してアソシエーション組織を形成してゆくだろう，と主張した。スミスが株式会社を消極的に捉えたのに対して，ミルは，株式会社を労働者の人間的成長の場と考え，積極的に評価した。

ミルとスミスの違いは，スミスの幸福は，自分の望む自分に成ることであったのに対してミルの幸福は，社会全体の幸福であり，他人の望む自分を創造することにあった。

しかしミルが生きた時代，株式会社制度は形成されていなかった。そのため，株式会社制度の有限責任制と，「会社設立の自由」[19]が法的に認められれば，労働者は資本を「結合」して，資本の所有者として株式会社を形成する

図3-1 〈生命力の発展プロセスの3段階論〉と人間の幸福論についての基本構図

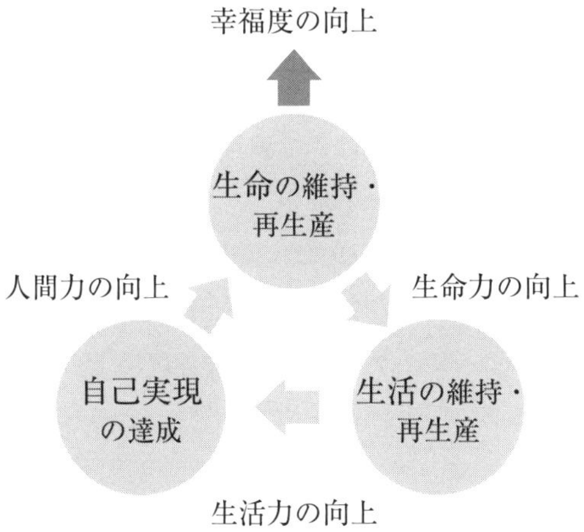

出典：筆者（前原直子）が作成。

か，あるいはアソシエーションを形成することが可能となるだろう。こうして労働者は，労働疎外の存在する従属的な雇用関係から「自立」することが可能となる。

　ミル株式会社論は，社会的生産力視点に立脚した株式会社の社会的機能論，生産関係視点に立脚した経営組織改革論という二重構造の内容をもつ[20]。それゆえミルは，株式会社制度のなかに，労働者の将来の展望を見いだし，『原理』第5編国家論においても，会社法の改正によって「会社設立の自由」を実現することを国家の重要な職務と主張したのである。

3．J. M. ケインズにおける人間の幸福論＝
　〈生命力の発展プロセスの3段階論〉と国家論

3-1　J. M. ケインズにおける人間の幸福論＝〈生命力の発展プロセスの3段階論〉

　ケインズによれば，「人生の主目的は，愛であり，美的体験の創造と享受であり，知識の追求であった。その中でも，愛が断然一位を占めていた」[21]。

　この主張に見られるように，ケインズも古典派経済学者たちのように，人生の目的は愛であり，人間の「生命」の本質を「愛」そのものである，と考えていた。それゆえケインズは，「人間の幸福」とは，自分を愛し，他者を愛して生きてゆく隣人愛＝人間愛のなかにある，と考えた。その意味でケインズは，人間各人が利他心＝公共心に従って生きてゆくことの重要性を十分に認識・自覚していたと考えられる。しかしながら，利己心は利他心に結実するという古典派経済学者たちの学説は，あまりにも楽観的すぎる，とケインズは考えた。

　　「人間の本性が合理的なものだという見解は，1903年には，その背景に非常に長い歴史を持っていた。この考えは，あたかも一般的善を目指したカントないしベンサムの普遍的倫理学に見られるように，利己心，いわゆる合理的な利己心の倫理学の根底をなしていた。そして，利己心が合理的なものであったからこそ，利己主義の体系と利他主義の体系とが，実際には同じ結論を生むものとされたのである」[22]。

　ケインズは，「自由放任の終わり」(1926) においてつぎのように述べ[23]，自由放任主義のもとでは，利己心の発揮が利他心＝公共心の発揮に結実することは困難である，と主張した。

　　「個人が経済活動に関して，慣行として自然な自由を与えられていると

いうのは，事実ではない。もてるもの，取得せるものに恒久的な権利を与える社会契約は，実際には存在していない。世の中が，私益と公益がつねに一致するように天上から統治されているというのは，事実ではない。……洗練された自己利益がつねに公共の利益になるように作用するというのは，経済学の原則からの推論として，正しくない」[24]。

1929年，世界恐慌によって，米国の失業率は24％，イギリスの失業率は18％以上に達した。欧米諸国は自国の市場確保のために保護貿易に躍起となり，また日本では1931年満州事変，ドイツでは1933年にナチス政権が誕生し，市場確保のために軍事力による植民地の再分割に向かっていった。

1936年，ケインズは『一般理論』を公刊し，自由放任主義を批判した。ケインズの考えでは，スミスの期待が現実には裏切られた理由は，自由放任主義にある。いいかえれば国家が広く社会全体に有効需要を創出し，資本家と労働者の利己心を発揮できる状態に導いてゆけば，人間各人の利己心が利他心＝公共心の育成と結びつく可能性は十分にあった。

投資の本来の社会的目的は，将来収益を生む方向に振り向けることにある。世界恐慌における投資家階級の動きに，本来の経済活動が投機の渦中に投げ込まれてしまう危険性を感じたケインズは，いきすぎた自由放任主義に警鐘を鳴らした[25]。『一般理論』の目的は，不況の解決策を提示し，完全雇用を実現する方策を提示することにあった。

ケインズの問題意識は，貧困と格差の存在に置かれていた。低所得者はより「消費性向」が高い。「消費性向」を高めるように「所得再分配政策」を施行すれば，社会全体の「消費性向」が高まり，資本の成長が促される，とケインズは考えた[26]。

社会が不況から立ち直り，有効需要の増大によって人間各人が自らの仕事に従事できるようになれば，資本家の投資意欲，労働者の勤労意欲は高まり，それぞれに利己心を発揮して生命力を高め，自分の仕事を通じて社会に貢献しうる自分自身を創造してゆくことができる，とケインズは考えた。

ケインズにおける人間の幸福論は，〈生命力の発展プロセスの3段階論〉の視点から考察すれば，国家政策→「生命」の維持・再生産→「生活」の維持・再生産→「自己実現」の達成，という〈生命力の発展プロセスの3段階〉のなかで人間各人が生命力を高めて自分の理想とする自分を創りだしてゆくことに人間の幸福はある，と整理できる。

(1) 人間の「生命」の維持・再生産

大戦とその後の大不況に直面し，個人の「生命」の大切さを実感したケインズにとっては，人間の「生命」とは，第1に，今日の「生命」を維持し明日へと再生産してゆくこと，「生存」してゆくこと，という意味である。ケインズは，自らの生きた時代のなかから，人間性の回復の政治経済学に取り組むこととなった。

人間にとって「生命」を維持・再生産してゆくためには，食料を獲得しなければならない。そのためには，労働者に雇用機会を創出することが先決であった。ケインズは，個性＝自己能力の豊かな人びとが具体的に目標を設定し，借金をしてまでも投資する意欲があれば，それを手助けすることが個性あふれる資本家を育成し，さらに雇用機会の創出を通じて労働者の個性＝自己能力の育成にもつながってゆく，と考えたのである。

(2) 人間の「生活」の維持・再生産

第2に，人間には，それぞれ個性＝自己能力がある，という意味において，人間の「生命」とは個性＝自己能力である。J.S.ミルと同様に，ケインズもまた「生命」を個性＝自己能力である，と考えた。では，一体，どうすれば人間各人は自分の個性＝自己能力を社会に大きく生かすことができるのか。

現実の不況下の社会では，働きたくても，仕事が見つからない非自発的失業者が多く存在した。非自発的失業者は，自分の「生命」である個性＝自己能力を使用することはできず，また「生命」力を高めて，「自己実現」を達成することもできない。

そのためケインズにとっては，すべての労働者に対して雇用の機会を与え，非自発的失業者を救済することが最も重要な問題であった。何よりもまず，ケインズにとっては，社会における大多数の労働者たちの「生命」を生かすために，雇用を創出して仕事を与え，「生活」を保障して，明日に向かって生きる希望を与えてゆくことこそ，政治経済学の使命であった。

ケインズによれば，何よりもまず，資本家の投資意欲を喚起することが重要である。たとえば資本家が銀行から融資を受けて，株式会社を設立してゆくことができれば，かれらは自らの個性＝自己能力を生かした生産活動に携わることができる。他方，こうした社会のなかで，それぞれの資本家が，自らの個性＝自己能力を生かした株式会社を設立してゆけば雇用が増え，労働者たちは自らの個性＝自己能力に見合った株式会社で生産＝労働に従事し，貨幣賃金の増大を目指して労働意欲を高め，利己心を発揮してゆくことができる。したがって労働者の利己心は，社会における資本家の投資意欲に依存している。

社会における有能な人びとが，銀行からの融資を受けて，資本家となって株式会社を設立して独自の生産活動を行なえば，資本家の個性＝自己能力を生かすのみならず，労働者の個性＝自己能力を生かすことにもなる。

ケインズの考えでは，人間各人が自分の「生命」を自分自身のために使用して維持・再生産し，毎日の「生活」を安全・安心に維持・再生産してゆくプロセスのなかにこそ，「人間の幸福」は存在する。

(3) 人間の「自己実現」の達成

第3に，人間の「生命」とは，利己心に加えて，利他心＝公共心である。ケインズにおける「自己実現」とは，資本家は投資意欲，労働者は勤労意欲という利己心を発揮して，自らの個性＝自己能力を高め，自らの「生命」を使用して仕事を通じて社会に貢献することである。その時，すでに人間は，利他心＝公共心を涵養している。

ケインズは，国家が社会全体に雇用を創出すれば，人間各人は「生命」の維持・再生産を繰り返すプロセスのなかに「人間の幸福」を見いだし，人生の目

標に向かって利己心を発揮してゆくプロセスのなかで，自らの個性＝自己能力を高め，他者や社会に貢献することを自らの使命を自覚・認識して，利他心＝公共心を発揮するに至る者も登場するであろう。その結果，利他心＝公共心を涵養した新たな自分自身を創造して，仕事を通じて社会に貢献する「自己実現」を果たしてゆくようになるのである。

したがって，ケインズは，すべての市民・国民に対しては，国家が雇用を創出することによって，人間各人が個性＝自己能力としての「生命」を使用・活用して生活の質を高め，自己を実現してゆくための生活基盤を与えてゆかなければならない，と主張した。

ケインズの国家政策である有効需要政策を通じての雇用政策は，単なる社会政策にとどまらず，福祉政策であり，かつまた人間各人の人間的成長の機会を保障する教育政策であった。ケインズの考えでは，人間各人が幸福を達成してゆくためには，神という存在を持ちだすのではなく，国家が人為的に雇用を創出して「生命」の維持・再生産，「生活」の維持・再生産，「自己実現」の達成を支援してゆかなければならないのである。それゆえケインズは，自由放任主義を克服する政策を提示したのであった。

3-2　ケインズにおける人間の幸福論＝〈生命の発展プロセスの3段階論〉と国家論

(1) ケインズの有効需要論と国家論

ケインズ国家論の最も重要な柱は，国家が有効需要を創出し，景気回復を達成してゆく，ということにある。周知の如く，イギリスは市場獲得競争による貿易黒字の増大による経済発展を実現した。それに対し，ケインズは，平和な国内政策による有効需要創出を目指した。したがって，ケインズが重要視する国家政策は，①金融緩和政策，②財政政策，③公共事業である。ケインズは，企業や国民に低金利で「貨幣」を貸し出し，資本家の投資意欲を増やして生産規模を拡大し，有効需要の増大→商品の生産の増大→生産規模の拡大→雇用労

働者の増大→貨幣賃金の増大→消費＝需要の増大→景気回復というプロセスで不況を脱出し，好景気を創りだすことができる，と考えた。

　金融緩和政策とは，貨幣供給量を増やし，金融機関を通じて企業や国民に貸し出し，有効需要を創出する政策である[27]。

　ここで重要なことは，低金利政策は，（大）不況時には，有効的な手段とはならない，ということである。その理由は，第1に，基本的に人間は将来の社会に明確な先行き（方向性）が見えない時には，いかに金利が低くても，銀行などの金融機関から「貨幣」を借りようとはしない，ということである。

　第2の理由は，不況時には，「流動性の罠」という現象が生じるからである。金利（利子率）がゼロに近い状態にまで低下すると，人びとは「貨幣」の取引きを行わないようになる。「流動性の罠」にはまると，金利がほぼゼロの状態となるため，人びとは金融機関に自らの貨幣を預けても大きな意味はないので，自らの手元に「貨幣」のままで保有しておこうと考える結果，「貨幣」取引が著しく減少してしまうようになる。

　好況時には，社会における将来性が明るいために，金利（利子率）が低下すると，企業や国民は積極的に金融機関から「貨幣」を借り入れて，その結果，民間設備投資や消費＝需要が社会的に増大し，有効需要の増大→生産規模の増大を引き起こすことができる。しかし不況時には，金利（利子率）がゼロ状態に低下したとしても，資本家にとっては，金融緩和政策は，その有効性を喪失してしまう。

　財政政策とは，政府＝国家が税収や国債の発行などによって集めた財政資金を，大企業のみならず中小企業，そして国民全体に貸し出して，投資の増大や国民の消費＝需要の増大につなげて景気回復を主導してゆく国家政策である。ケインズによれば，政府＝国家は，たんに貨幣供給量を増大させるだけではなく，自らの厳しい管理のもとに，企業を指導し，国民の消費＝需要の増大を実現し，景気回復を導いてゆかなければならない。

　公共事業とは，国家経費を通じて投資産業の景気を活性化し，それによって消費産業の景気を活性化してゆく政策である。公共事業は，国家経費の支出→

公共事業の増大によって，雇用労働者の増大を促し，労働者の貨幣賃金を引き上げたとしても，消費の活性化→国家＝政府の税収入の増大となって，政府が最初に支出した経費の回収に結実しなければ，公共事業はたんに国家経費の増大→国家財政の赤字の増大→増税という形で国民の負担を大きくするだけに終わる。その結果，国家経費の赤字の増大→増税→消費の低下→生産の低下→不景気，というプロセスを辿って，むしろ不景気をつくりだす結果を導きかねない。

それゆえにこそ，ケインズは，需要の波及効果を生みだす「有効需要」の重要性を主張するのである。景気回復のためには，有効需要の創出こそが重要である。有効需要が増えれば生産が増える。国家の最大の使命は，有効需要創出→雇用労働者の増大である。それゆえ，ケインズにとっては，生産・供給サイドの改善よりも，むしろ消費・需要サイドの改善のほうが重要となる。

このことは，景気回復→社会的利益の増大のためには，国家主導の需要管理政策が重要である，とみなすケインズの国家観を示している。簡単にシェーマ化すれば，ケインズ国家論の基本構図はつぎのように説明できる。

国家による有効需要の創出→消費・需要サイドの国家政策→資本家による投資の増大→生産・供給サイドに立つ民間企業＝資本主義的企業における商品生産量の増大→雇用労働者＝生産的労働者の増大（非自発的失業者の減少）→貨幣賃金の上昇→景気回復の達成，という経路で景気は回復する。

(2) ケインズ雇用理論と国家

ケインズは，古典派経済学が，貨幣賃金は伸縮的性格を有すること，失業が一時的な現象に過ぎないこと，完全雇用が「小さな政府」のもとでは実現可能であること，と主張していることについて，それはあまりにも楽観的である，と批判した。

もし古典派経済学の考え方が正しければ，社会に長期的な失業者は発生しえず，また長期的な不況も生じないはずであった。だが，現実には，失業者も不況も発生した。

そこでケインズは，経済学の再構築の必然性を実感し，古典派経済学の完全雇用理論を否定して，不完全雇用理論を展開した。ケインズは，不完全雇用理論を展開することによって，完全なる雇用を創出するための経済理論と国家政策を具体的に提示したのである。

ケインズによれば，貨幣賃金は決して伸縮自在な性格を有しているわけではなく，貨幣賃金は，下方硬直的性格を有している。たとえば，社会が不況に陥ったからといって，労働者階級は自分たちの貨幣賃金が下がることを肯定しないだろう。そのため資本家階級もまた，必ずしも自分たちの意のままに貨幣賃金を切り下げることはできない。

ケインズによれば，前述の如く，有効需要を増大させることが重要な政策となる。有効需要の増大→生産の増大→雇用労働者の増大→完全雇用の状態の達成→非自発的失業者の解消→社会における貨幣賃金の増大→景気回復，というプロセスで，景気は回復する。

このことをふまえて，まず【設例1】を挙げて，古典派経済学者とケインズの学説の相違点を考察してみよう。

【設例1】
A株式会社が，不況の影響を受けて，資本家の商品生産量＝労働者の仕事量が $\frac{2}{3}$ に減少したと仮定する。仮定として，①100％の生産量＝仕事量を120とする。②労働者の知的・道徳的水準は一定とする。完全雇用時の貨幣賃金は30万円とする。

古典派経済学では，不況になれば，つぎのように考える。

【古典派経済学の学説】

［前提］　120 ＝　8時間×15人
［$\frac{2}{3}$］　　80 ＝ 5.3時間×15人

古典派経済学の考え方では，商品の生産量＝労働者の仕事量が $\frac{2}{3}$ に減少した時，雇用労働者は15人のままで雇用量は一定であるが，労働時間が8時間から5.3時間に低下するため，その分だけ貨幣賃金は低下する。すなわち，この時，労働時間がおよそ33％減少するから，労働者の貨幣賃金は30万円の約

67％の約20万円へと減少する。しかし，労働者は完全雇用となる。つまり貨幣賃金が下がれば，完全雇用は実現される。

同じ仮定のもとに，ケインズの学説を説明しよう。

【ケインズの学説】

[前提]　120 ＝ 8時間 × 15人
$\left[\frac{2}{3}\right]$　　80 ＝ 8時間 × 10人

　ケインズの考え方では，商品の生産量＝労働者の仕事量が$\frac{2}{3}$に減少すれば，雇用労働者は15人から10人へと減少し5人の非自発的失業者が発生する。この場合，8時間労働が維持されるため，労働者の貨幣賃金は一定に保たれる。したがって，ケインズの学説では，社会が不況に陥れば，雇用労働者は解雇されて，非自発的失業者が発生する，と考える。

　この場合，A株式会社は，$\frac{1}{3}$の失業者を発生する。したがって貨幣賃金の硬直性を前提とすれば，社会が不況に陥った時にも労働者階級の貨幣賃金は一定に維持されるが，そのゆえに非自発的失業者が発生する。つまり不況下では，一部の失業労働者は資本家に解雇されて失業者とならざるをえない。こうしてケインズは，有効需要の増大によって完全雇用が実現されなければ，非自発的失業者が発生すること，しかし残された労働者の貨幣賃金は一定のままであることを主張した。

　古典派経済学とケインズの学説との重要な相違点は，古典派経済学では，貨幣賃金には伸縮的性格があると理解するが，反対にケインズ経済学説では，貨幣賃金には硬直的性格があると理解する点にある。

　古典派経済学者は，不況の時には，労働者全体の仕事量の減少分を，労働者1人当たりの貨幣賃金を減少させる方法によって労働者全体の雇用を確保すればよい，と考える。

　しかしケインズによれば，貨幣賃金は伸縮的性格を有せず，硬直的性格を有するために，不況に陥ったからといって，労働者1人1人の貨幣賃金を低くすることは困難である。しかも仕事が減少する状況のなかで，労働者たちはそれぞれに自らの貨幣賃金を低くしてまでも，他者と「生命」と「生活」（雇用）

を分けあって生きてゆこうとは考えないだろう。仕事量が減少すれば，非自発的失業の状態になる。その時，多くは自分の「生命」を温存し，自分と自分の家族の「生命」と「生活」を犠牲にしてまでも，貨幣賃金を減少してよい，と考える労働者は存在しないだろう。古典派経済学の学説では，失業発生の原因は貨幣賃金が高いことにある。しかしケインズの学説では，非自発的失業が発生する原因は，有効需要不足にある。

【設例2】
さてこれと反対に，社会が好況となってA株式会社における商品の生産量が増加し，労働者の仕事量が増えた時には，古典派経済学とケインズとでは，つぎのように考える。

いま社会が好況となって，商品の生産量＝労働者の仕事量が$\frac{1}{3}$だけ増加したと仮定する。すると，$120 \times \frac{1}{3} = 40$時間分の商品の生産量＝仕事量が増加するから，これまでの120時間に40時間が追加されて160時間の商品生産量＝仕事量となる。すなわち，$120 + \left(120 \times \frac{1}{3}\right) = 160$となる。この時，古典派経済学はつぎのように考える。

【古典派経済学の学説】
［前提］　120 ＝ 8時間 × 15人
$\left[\frac{4}{3}\right]$　160 ＝ 10.6時間 × 15人

したがって，労働者は，1人当たりの労働時間を8時間から10.6時間に増加させればよいことになる。

古典派経済学は，商品の生産量＝労働者の仕事の増加分を，8時間から10.6時間へと労働時間を増やして対応し，その分だけ貨幣賃金を増やせばよい，と考える。

この場合，労働者1人当たりの1日の労働は10.6時間となるが，3時間弱の残業をするか，あるいは休日に時間を割りあてて出勤して対応すればよい。むろん社会における景気が，さらに上昇し，15人の労働者だけでは対応できなくなれば，資本家は雇用労働者を増加させてゆくことになる。

たとえば，商品の生産量＝仕事量が著しく増加し，20人から25人の労働者の増大が必要となった時には，貨幣賃金も上昇してゆくことになる。

【ケインズの学説】

以上の如く，好況になって商品の生産量＝仕事量が $\frac{1}{3}$ だけ増加すれば，$120 + \left(120 \times \frac{1}{3}\right) = 160$ となり，40時間分の仕事量の増大となる。この時，ケインズは，つぎのように考える。

[前提]　　$120 = 8$ 時間 $\times$ 15人

$\left[\frac{4}{3}\right]$　　$160 = 8$ 時間 $\times$ 20人

ケインズの場合には，完全雇用となるまでは，労働時間は一定であり，したがって労働者の1ヶ月の貨幣賃金は30万円のままの状態で一定となる。そして商品の生産量＝労働者の仕事量が $\frac{1}{3}$ だけ増加して160になった時，労働者の労働時間は8時間労働のままの状態であるが，15人から20人に雇用労働者数を増やすことによって，仕事の増加分に対応することになる。そしてさらに，好況となって，労働者を25人にしなければならなくなった時には，完全雇用の20人を上回った雇用状態となる。たとえば有効需要が D_2 から D_3 にまで増えるならば，資本家は労働者を確保するため，貨幣賃金を35万円（の方向）に引き上げることになる（図3-2参照）。

したがって，ケインズの場合には，有効需要の増加によって雇用労働量の増加となり，完全雇用の労働者を超えた時，はじめて労働者の貨幣賃金は上昇する。逆にいえば，非自発的失業者をなくすためには，有効需要を増やし，雇用労働者数を増やすことが重要な政策となるのである。

古典派経済学の場合には，商品の生産量＝労働量の仕事場が200時間に増大した時には，つぎのようになる。

$200 = 11.1$ 時間 $\times$ 18人

この場合には，労働者の貨幣賃金は増大し，雇用労働者も15人から18人に増大する。（あるいは19人にして労働時間を11時間より少し減少させてもよい）[28]。

ケインズが，自由放任主義ではなく，国家政策を重視したのは，それが公益

図3-2 ケインズの雇用理論

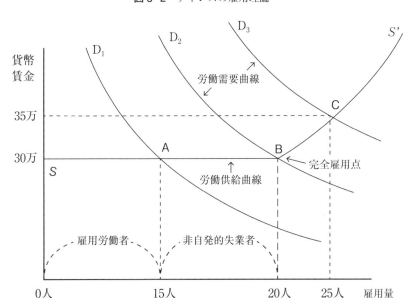

有効需要が$D_1 \to D_2 \to D_3$へと増加してゆけば，雇用労働者は，A→B→Cへと増加し，貨幣賃金は，完全雇用を超えた時，30万→35万へと増大してゆく。

出典：伊東光晴『ケインズ』(97ページ)を参考として筆者(前原直子)が作成。

(public good) の達成を目的にしたものであったからである[29]。ケインズは，市場経済システムが，「個人の自由 (personal liberty) と生活の多様性 (the variety of life)」を保障する制度であることを認めながらも，「恣意的で不公平な分配」という欠陥を持つとして，国家政策による所得の再分配政策を通じての経済成長を目指した[30]。

1930年代半ばのイギリスは，アメリカの大不況にもかかわらず，海外投資の減少→国内の豊富な資金の存在→銀行の利子率の長期にわたる低下→新興産業(化学・電気)への投資，という経路で景気回復を享受した[31]。

ケインズの国家論は，国家主導による国民生活の幸福実現を企図する主旨に支えられており，福祉国家論とも位置づけられる。

しかしケインズの学説には，弱点もある。政府＝国家政策を通じて，従来の何倍もの貨幣供給量を増やして，ゼロ金利状態で金融機関が「貨幣」をより多くの人びとに貸し出そうとしても，たとえば企業が増大した利益を内部留保して，労働者への利益の還元を行わないために，貨幣賃金が上昇しないことになれば，インフレ率＞貨幣賃金上昇率という状態となり，実質賃金が低下して，消費＝需要が減じて，不況を脱出できず，好況をつくりだせないこととなってしまう。

こうしてケインズが国家政策として重視した金融緩和政策，財政政策，公共事業は結局のところ，インフレを引き起こす結果を生み出してしまうのである。さらにいえば，ケインズの国家政策は，政府＝国家の大型予算を前提とする政策であるから，古典派経済学の「小さな政府」論に対して，「大きな政府」論を展開していることになる。

ケインズ政策の行き着く先は，インフレである。インフレが促進し，国民の生活必需品としての食料価格の上昇率が貨幣賃金の上昇率を上回ると，実質賃金は低下する。また土地価格が上昇すると，土地の購入者は激減し，不動産業やビル建設などを手掛ける鉄鋼産業などの投資産業における需要の低下が消費産業における需要の低下をまねき，景気は著しく低下していく。

かくてケインズ政策は，短期的には景気回復に寄与する可能性があるが，中期的，長期的にはインフレを加速し，不景気をもたらすことになる。

このことは，現代に生きるわれわれに，資本主義社会の方向性をインフレ期待を起動力としたプラス成長で考えてゆくべきかどうか，という重要な問題を提起している。

おわりに

本章では，イギリスの政治経済学史上，天才と呼ばれるアダム・スミス，

J.S. ミル，J.M. ケインズの学説をとりあげて，人間が幸福に辿り着くための社会科学の法則＝人生の法則を，「生命」の維持・再生産→「生活」の維持・再生産→「自己実現」の達成，という3つのプロセスを基軸として解明した。3人の学説の現代的意義は，以下の点にある。

人間の幸福とは何か。この問いに対してアダム・スミスはつぎのように答えた。人間は金持ちになるために生まれてきたのではない。真の幸福＝《絶対的幸福》とは，「心の平穏」にあるのであり，それは，自らの心のうちにある「良心」と心をひとつにして生きることであり，隣人愛＝人間愛を涵養することである。しかし，人間はなかなかその境地に達することはできない。

スミスの幸福論は，人間諸個人が自らの幸福を達成するためには，自分個人の人生を基軸として生きなければならない，という考え方にある。スミスの考えでは，人間1人1人の生命は，全宇宙の意思としての「神」と常につながっている。スミスのいう「神」とは，人間の心の奥底に内在する「良心」である。したがって，人間諸個人は，自らの「良心」に従って生きてゆけばよい。逆にいえば，人間は，自らの「良心」に従って生きてゆけるように，自らの生命力を高めてゆかなればならない。そのため，人間諸個人は，「生命」の維持・再生産→「生活」の維持・再生産→「自己実現」の達成というプロセスを経験しなければならない。

スミスの考えでは，人の人生において最も重要なことは，自分個人の「生命」を大切にすることである。すなわち人間諸個人は，自分の人生の目標に向かって生命力を高めることである。具体的には人の人生において，人間諸個人は，人生の目標達成＝自己実現のためにこそ，自らの生命を使用すること，したがって，他者のことに対しては，できるだけ干渉しないということ，他人のこと社会のことは神に任せることが重要である。したがってスミスの国家の職務は，「小さな政府」となるのである。

J.S. ミルの偉大さは，人間の「生命」は愛である，という考えのもとに，人生の目的は自分の生命力を自己愛，隣人愛，人間愛へと成長させてゆく「人間的完成」にある，と主張したことにある。人の人生には，人間各人は，自分

が他者や社会に与えたものを受け取る，という原因結果の法則が作用する。ミルの考えでは，人間諸個人は，他者や社会に愛を与えれば，他者や社会から愛を受け取り，憎しみを与えれば憎しみを受け取る。

だからこそ人間各人は，自らの生命を自らの生活を通じて人間的に成長させて，より完全なる自分自身の創造へと自己を実現してゆかなければならない。ミルは，人間各人の自己成長の場を自分に与えられた仕事の場に見いだしたのである。

またミルは，利潤率が最低となる〈現実のディズマルな定常状態（stationary state）〉のなかでも，「労働費用・利潤相反」論に依拠して労働費用低下による利潤増大と実質賃金増大によって労資協調が実現する経済的に豊かで社会政治的に安定した社会＝〈理想としての定常状態〉を実現しうることを論証した[32]。

ケインズの偉大さは，人間各人には，神に頼らなくとも，国家政策という人為の力と自分自身の生命力で眼前の問題を解決することができる，という学説を主張したことにある。それゆえ国家の職務は，金融緩和政策や財政政策を通じて金融機関を媒介として，資金の提供を行い，公共事業政策を行って雇用を増加させ，有効需要を創出し，自らの利己心を発揮したい者たちに手を差しのべ，社会に明るい展望を与えてゆくことにある。ケインズの考えでは，政府＝国家こそ，国民の生命を積極的に生かし，その生命力を高めて，社会に貢献する存在へと育成してゆかなければならない。人間は，困難や試練に直面すると，他者や社会に依存しがちとなるが，その時こそ，自分自身で問題を解決しうる生命力としての英知の力が湧き上がってくるのである。その意味で，人間には，無限の可能性と無限の力が内在する。

総じていえば，国家には，その時代に照応した政策が求められている。

資本蓄積の順調な進展によって高度経済成長を遂げた先進国，たとえば日本においては，少子高齢化社会という内実にあって，労働分配率を低下させ企業の利益追求を志向する新自由主義政策を施行し，金融緩和政策のもとに，さらなる経済成長を果たし，より少数の若者がより多くの高齢者を支える福祉国家を実現することができるかどうか，という重要な問題を考えてゆく必要があ

る。その意味で，〈生命力の発展プロセスの3段階論〉の視点から，スミス，ミル，ケインズにおける人間の幸福論を考察することは，現代的意義を有しているといえるだろう。

1) Smith（1759），Ⅲ, 5.9. =（2003）上352頁。
2) 前原直子（2017a）参照。なお，本章における〈　〉は前原直子の独自の規定であることを示す。
3) Mill（1848），Ⅲ. p.760. =（1961）④116頁。前原直子（2013）では，ミルの〈利己心の体系＝人間的成長の体系〉から〈利他心の体系＝人間愛の体系〉への移行を「共感原理」にもとづいて分析した。
4) アダム・スミスの幸福論については，前原正美（2013）参照。またJ.S. ミルについては，前原正美（1998）を参照。なお，《　》は前原正美独自の規定である。前原正美（1998）によれば，人間各人は究極の理想的他者のなかに，自らの感動の心を発見しえた時，神に与えられた使命を発見し，利他心＝公共心に満ちた生き方へと方向転換をして生きることができるようになる。しかし，前原正美（1998）では，前原直子（2017a；2017b）や本章のように人間各人の〈生命力の発展プロセスの3段階論〉という視点からの幸福論への展開はない。
5) ケインズに関しては，伊東（1962）を参考とした。
6) スミスの幸福論については，前原直子（2017a）参照。前原直子（2017b）においては，ミルの幸福論を〈生命力の発展プロセスの3段階論〉に整理し，教育経済論の視点から考察した。
7) Smith（1759），I, ⅲ. 3.2. =（2003）上164頁。
8) スミスは，高賃金は労働者の「勤勉」動機を引き出すが，低賃金は「怠惰」を生み出すという高賃金論の立場である。前原直子（2017a, 37頁）。
9) Smith（1759），Ⅲ, 3. 30. =（1969）上432頁。前原直子（2017a, 73-75）参照。
10) アダム・スミスの「生産力の体系」については，高島（1968；1974）を参照。なお，アダム・スミスの資本蓄積論と国家については，和田（1976；1978）を参照のこと。
11) Mill（1848），Ⅲ. p.755. =（1961）④107-108頁。
12) 前原直子（2015b；2016）のミルの教育経済論を参照。
13) 前原直子（2018a）ミルの公共哲学を参照。
14) Mill（1859），p.267. =（1967）287頁。
15) Mill（1859），p.266. =（1967）286頁。
16) Mill（1859），p.266. =（1967）286頁。
17) Mill（1859），p.266. =（1967）287頁。
18) 前原直子（2018b）を参照。
19) Mill（1848），Ⅲ. p. 903. =（1963）⑤219頁。

20) ミルの株式会社論については，前原直子（2011）参照。
21) Keynes（1938(1972)）pp.436-437. =（1980）569-570頁。
22) Keynes（1938(1972)）p.447. =（1980）583頁。
23) ケインズの「自由放任の終わり」に関する研究については，中矢（2018）を参照のこと。
24) Keynes（1926(1972)）pp.287-311. =（2010）193-202頁を参照。
25) Keynes（1936(1973)）pp.158-160. =（1995）157-158頁。
26) Keynes（1936(1973)）pp.372-373. =（1995）357-376頁。
27) ケインズは，『一般理論』で，金融政策について，金利生活者にとって好ましい高い利子率が経済を悪化させていること，民間投資を増大させるため企業家の「資本の限界効率」よりも利子率を下げる必要があること，債券購入によるマネー・ストックの増大が必要であることを主張している。伊東（1962）によれば，イギリスでは，「国内産業の発展のために，有効需要増加政策によって国内市場を創りだすと同時に，そこに低廉な資金を注ぎこんでイギリス経済の基礎を固めようとした。そのために海外に流れようとする資金を国家の力で規制し，国内産業に安く提供させようとした」(163頁)。利子率が低いだけでは新投資は発生しないが，イギリスの景気回復は，国家による金融政策と新興産業が功を奏した事例といえる。
28) そこでケインズ以後の政治経済学者たちのなかには，インフレ期待論者のポール・クルーグマンのように，資本家や国民がインフレ期待を有するようになると，商品に対する需要増大→景気回復への道が拓かれてゆくだろう，と主張する論者が登場した。クルーグマンのインフレ期待論は，①今後，物価は上昇するから，資本家や国民は商品価格が上昇しないうちに消費したり「貨幣」を借り入れるようになるため，景気回復するだろうという社会の先行き（方向性）を示したこと，②名目金利よりも実質金利を引き下げることによって，より多くの「貨幣」の借り入れを希望する人びとを増やし，景気回復の方向性を示したこと，という点が評価された。
29) Keynes（1926(1972)）pp.288-289. =（2010）193頁。
30) Keynes（1936(1973)）pp.372-373. =（1995）373-374頁。
31) 伊東（1962）170頁。
32) 前原直子（2010）参照。

引用・参考文献

Keynes, J.M., 1926(1972), "The End of Laissez-faire", in *Essays in Persuasion*, Vol.9 of *The Collected Writings of John Maynard Keynes*, ed. by The Royal Economic Society, Macmillan, = 2010（山岡洋一訳）「自由放任の終わり」『ケインズ説諭論集』日本経済新聞出版。

―――――, 1936(1973), *The General Theory of Employment, Interest and Money*, Vol.7 of *The Collected Writings of John Maynard Keynes*, ed. by The Royal

Economic Society, Macmillan. = 1995.（塩野谷祐一訳）『雇用・利子および貨幣の一般理論』東洋経済新報社.

―――― , 1938(1972), "My Early Beliefs", in *Essays in Biography*, Vol.10 of *The Collected Writings of John Maynard Keynes*, ed. by The Royal Economic Society, Macmillan, = 1980（大野忠男訳）「若き日の信条」『ケインズ全集第10巻　人物評伝』東洋経済新報社.

Mill,J.S., 1838(1969), "Bentham, "in *Collected Works of John Stuart Mill*, ed.by Routledge & K.Paul, Vol.X, = 1980（泉谷周三郎訳）「ベンサム論」『J.S.ミル初期著作集・3』御茶の水書房.

―――― , 1848(1965-74), *Principles of Political Economy with some of their applications to Social Philosophy*, in *Collected Works*, Vol. Ⅱ-Ⅲ. = 1959-63（末永茂喜訳）『経済学原理』岩波文庫, 第1-5分冊.

―――― , 1859(1977), *On Liberty*, in *Collected Works*, Vol.XVⅢ. = 1967（早坂忠訳）『自由論』中央公論社.

―――― , 1861a(1969), *Utilitarianism*, in *Collected Works*, Vol.X. = 1967（伊原吉之助訳）『功利主義論』中央公論社.

―――― , 1861b(1862), *Considerations on Representative Government*, ed. by Harper & Brothers, New York University Press. = 1967（山下重一訳）『代議政治論』中央公論社.

―――― , 1873(1981), *Autobiography*, in *Collected Works*, Vol.I. = 1960（朱牟田夏雄訳）『ミル自伝』岩波文庫

Smith,A., 1759(1976), *The Theory of Moral Sentiments*, London, ed. by D.Raphael and A.Macfie, Oxford. = 2003（水田洋訳）『道徳感情論』上下, 岩波書店.

―――― , 1776(1976), *An Inquiry into the Nature and Causes of the Wealth of Nations*, ed. by R.H.Campbell & A.S.Skinner, 2 Vols., Oxford, Oxford University Press. =（2000-2001）水田洋監訳・杉山忠平訳『国富論』全4冊, 岩波書店.

伊東光晴, 1962, 『ケインズ―"新しい経済学"の誕生』岩波書店.
高島善哉, 1968, 『アダム・スミス』岩波書店.
―――― , 1974, 『アダム・スミスの市民社会体系』岩波書店.
中矢俊博, 2018, 『ケインズ経済学研究―芸術家ケインズの誕生を探る』同文舘出版.
前原直子, 2010, 「J.S.ミルの利潤率低下論と『停止状態』論」『季刊 経済理論』経済理論学会, 第47巻第3号, 79-90.
―――― , 2011, 「J.S.ミルの理想的市民社会論と株式会社論」『経済学史研究』経済学史学会, 第52巻2号, 100-126.
―――― , 2012, 「C.I.バーナードの組織論とJ.S.ミルの経営組織論―個人と組織,

組織と社会の調和の実現可能性」中央大学経済学研究会『経済学論纂』第 52 巻第 3 号，141-160。
———，2013，「J.S.ミルの経済思想における共感と公共性」有江大介編著『ヴィクトリア時代の思想と J.S.ミル』三和書籍，187-213。
———，2014，「J.S.ミルの理想的市民社会論と共感論」『日本イギリス理想主義学会誌』日本イギリス理想主義学会，第 10 号，11-21。
———，2015a，「アダム・スミスの教育経済論と共感論—アダム・スミス『国富論』と『道徳感情論』との関連で」『中央大学経済研究所年報』第 46 号，723-754。
———，2015b，「J.S.ミルの教育経済論—J.S.ミル『経済学原理』における教育論と経済理論との関連で」『中央大学経済研究所年報』第 47 号，581-599。
———，2016，「J.S.ミル『経済学原理』における教育経済論—T.R.マルサス『人口論』・『経済学原理』との関連で」『マルサス学会年報』第 25 号，31-66。
———，2017a，「アダム・スミスの教育経済論と共感論—アダム・スミス『国富論』と『道徳感情論』との関連で」益永淳編著『中央大学経済研究所研究叢書 経済学の分岐と総合』中央大学出版部，31-92。
———，2017b，「J.S.ミルの教育経済論と〈生命力の発展プロセスの 3 段階論〉—K.マルクスのアソシエーション論との関連で」『中央大学経済研究所年報』第 49 号，617-660。
———，2018a，「J.S.ミルの公共哲学と経済思想—W.トンプソンの功利主義論と経済思想の関連で」『中央大学経済研究所年報』第 50 号，817-846。
———，2018b，「J.S.ミルの公共哲学と政治思想—J.ベンサムの功利主義論との関連で」『中央大学社会科学研究所年報』第 45 号，113-136。
前原正美，1998，『J.S.ミル政治経済学』白桃書房。
———，2013，「アダム・スミスにおける「人間の幸福」論と資本蓄積論—《相対的幸福》論と《絶対的幸福論》との関連で」『中央大学経済研究所年報』第 44 号，545-575。
和田重司，1976，「古典派の体系的基礎—アダム・スミスの政治経済学」遊部蔵・小林昇・杉原四郎・吉沢友吉『講座 経済学史Ⅱ 古典派経済学の形成と発展』同文館出版。
———，1978，『アダム・スミスの政治経済学』ミネルヴァ書房。
———，2012，「イギリス経済思想史はどのように資本主義の変容を反映したか」中央大学経済学研究会『経済学論纂』第 52 巻第 3 号，1-28。

第 4 章
エドマンド・バークを読むモーゲンソー

高橋和則

はじめに

　エドマンド・バークの国際政治思想のモノグラフを著したジェニファー・ウェルシュは別のところで「バークの思想については，伝記作家や歴史家，文学理論家，政治哲学者たちの研究の累積があり，かなりの関心が向けられてきた。それに比して，国際関係論者たちからは無視されてきている」と述べている (Welsh, 1996=2003：219)。例外として挙げられているのはR・J・ヴィンセントとマーティン・ワイトである。もちろん英国学派の代表的論者であるワイトはバークだけを取り上げている訳ではないが，その主著においてバークは煩雑に名前の上がる思想家と言ってよい (Wight, 1991=2007)[1]。だが何故かウェルシュはモーゲンソーの名前を挙げていない。もちろんモーゲンソーはワイトと同様，バークだけを取り上げている訳ではないが，例えば彼の主著の一つであり，現在でも国際政治学の基本書，教科書たる地位を失っていない『国際政治』においては少なからずバークが引用されている。バークは18世紀のイギリスの政治家，政治思想家として七年戦争，アメリカ独立戦争，フランス革命と対仏大同盟という国際的重大事に接し，演説，論考を残しており，モーゲンソーがそれを参考にしたことは何ら不思議なことではない。

　ただ，モーゲンソーのバークに対する関心は時期的に変化したとも分析されている。彼が『国際政治』を出版したのは著作活動の初期，1948年であるが，

同時期の46年のシカゴ大学での講義では「この時期におけるモーゲンソーにおけるバークの評価はアリストテレスの正当な後継者」であり,「理性と権力を対置することによって,国際関係についての道徳的アプローチとリアリスト的アプローチを峻別し,後者の優位を導いている」と理解されるが,75年のニュースクール・フォー・ソーシャル・リサーチ講義においては変化しており,この変化は「バークへの言及の消失といった形で現れる」[2]。それは冷戦の変容に関係し,「冷戦黎明期たる時期に行われたシカゴ講義においては（……）バークを高く評価し,その保守主義を国益に基づく勢力均衡論の規範的な理念とすることで冷戦イデオロギーの野放図な拡大を阻止する」ものだったが,「冷戦構造定着期」では「かかる基本路線が大幅に修正され」「相対主義的政治観が現れている」とされる（大賀,2010：12, 15, 16）。そこからするとモーゲンソーのバークへの関心は初期が中心になるのかもしれない。

　だがその関心はどのようなものなのだろうか。講義は前述のようなものだとして,著作の方については,逆に自明のことと捉えられているためか,いまだ余り触れられていないように思われる。

　言わずもがなではあるが,1937年にアメリカに亡命したモーゲンソーは,46年にデビュー作となる『科学的人間と権力政治』を発表（Morgenthau, 1946=2018），そして48年には主著となる『国際政治』を刊行している（Morgenthau, 1948=1998）。この『国際政治』において明示的には八回バークの名前を出している。その中で総括的にバークについて触れた部分があるので,ここで簡単におさえておこう。それは国力を論じたところに現れている。そこでは国力に影響を及ぼす人的要素の一つとして国民性があるとし,各国の国民性を論じている。そこでは各国の国民性を最も顕著に表す人物を取り上げて説明しているのである。モーゲンソーの捉えるイギリスの国民性とは個人主義と政治的天才であり,前者はジョン・ロックの哲学に象徴されているとするが,後者,つまり政治的天才はエドマンド・バークに典型的に表れていると指摘している。バークは「道徳原則と政治的便宜をドグマティックにではなく結び付ける」政治的天才の一つの現れである（Morgenthau, 1948：140=1998：138）。ここからしても

モーゲンソーのバーク評価が必ずしも低くないことが知れよう。だがもう少し仔細に見てみると，モーゲンソーがバークを引用しているのは，バークの『フランスの国情』，『和解決議演説』そして『同盟国の政策についての所感』という三つの著作に限定されていることがわかる[3]。本章では，これら著作を逐次検討することで，初期モーゲンソーがバークをどのように読んだのかについて，いささかなりとも見通しを得たいと思う。

1. 『フランスの国情』と勢力均衡

バークは1791年に『フランスの国情』（*Thoughts on French affairs*）という著作を発表している。これは革命フランスが近隣国にいかなる影響を与えつつあるかを論じた著作であり，バークはフランス革命を宗教改革に比して理解している。このフランスの「改宗の精神」の影響力が真っ先に及ぶのは隣国ドイツ諸国であり，人権宣言が驚くほど流布していて，革命が準備されているに等しいのであって，バークは革命はフランスの運命よりもヨーロッパ諸国の全般的運命にとって決定的であると論じている。それは「この時代のトラブルや変動」とは区別される全ての原理の最初の源であるとして，バークは次のように書きつけている。

> 「もしヨーロッパがこの帝国の独立と均衡をヨーロッパの勢力均衡システムの本質として理解しないならば（……）二世紀以上のヨーロッパの全ての政治は惨めなまでの過ちだったことになる」（Ⅷ：350）

モーゲンソーは勢力均衡の構造を論ずる際に，ここを引用している。

彼が『国際政治』において勢力均衡を国際政治における基本的原理として理論化していることは周知のことであろう。具体的には同書第4部で勢力均衡を，そのパターン，方法，構造に分けて体系的に論じている。その勢力均衡の構造に関しては，支配的なものと従属的なものに分類されるとしている（4部

13章)。そこにおいては支配的勢力均衡システムと従属的勢力均衡システムの距離が問題となると論じた。近ければ従属的システムの自律性は減少し，統合されていくが，遠ければ自律性が拡大する。その例として，当時のヨーロッパという支配的システムとドイツという従属的システムをモーゲンソーは挙げる。この二つのシステムは中間的距離であり，統合もされないが完全な自律性もなく，ドイツというシステムにおけるプロイセンと帝国の間の均衡の維持が，ヨーロッパという支配的システムの均衡の維持と結び付いていた。この構造を指摘したものとして，前掲のバークの言及を引用しているのである。

だが，モーゲンソーの引用はそれに留まらない。

バークは『国情』で，ドイツ皇帝とプロイセン国王という二大勢力はドイツにおける革命の危機をしかるべく捉えていないと論じている。それは大きな勢力すぎて一つの社会的利益を持てないためであるとしているが，一つの社会的利益を持つと周辺の弱国にとっては危機でもあるとして以下のように分析している。

　「この二人の君主が不和である限り，ドイツの自由は安全である。もし彼らが相互縮小するより，釣り合いのとれた相互拡大の方がより重要であると互いに理解したなら，つまり彼らが互いに略奪することを妨げる従来の政策を維持することで安全を確保するより，略奪品を分割することで，より豊かになれると考えるようになったら，その瞬間からドイツの自由はなくなる」(Ⅷ：350)

これをモーゲンソーはどう理解したのだろうか。彼によれば勢力均衡には直接的対抗のパターンと競争のパターンという二つのパターンがある（4部11章）。前者は勢力均衡の最も基本的なパターンであるが，後者は二つの大国が競争し，均衡を構成するパターンである。この後者の均衡は一つの大国の弱国に対する支配の試みを挫折させる機能がある。バークの指摘はこの機能を明示したものと位置付け，モーゲンソーは「弱小な国家の独立を保護するという勢

力均衡の機能をエドマンド・バークほど明確に認識した者はいない」としている（Morgenthau, 1948：188=1998：186）。

　モーゲンソーはバークの主張するフランス革命と宗教改革の類比，そして「人権」を広めようとするフランスの「改宗の精神」について，少なくとも明示的には関心を示していない。モーゲンソーにとって『フランスの国情』におけるバークは，勢力均衡の理論家である。しかも単に勢力均衡概念を論じているのではなく，実際の国際関係におけるその機能や構造について熟知した理論家である。だが，「人権」を広めようとするフランスの「改宗の精神」についてモーゲンソーは何らの関心も持たなかったのであろうか。

　もちろん18世紀は勢力均衡についての議論が盛んであった。それは（フランスを念頭に）普遍的君主制（universal monarchy）を目指す国家に対抗する原理として，とりわけイギリスにおいては重視された概念と言ってよい。フランスはアンシャン・レジームにおいてもそう認識されたが，バークはさらに革命後のフランスも，これまでとはまた違う形で，つまり単に力による征服ではなく「改宗」という形の征服での普遍的君主制を目指していると認識しているのである。

　さて，冷戦に突入した世界を前にしたモーゲンソーにとって，それが極めて現実的な議論として映ったことは容易に理解できる。モーゲンソーは直前の講義にはなかった新しい要素を『国際政治』で章立てして論じているが（宮下，2012：164），その一つが「全面戦争」である（7部22章）。従来の限定戦争に対して，全面戦争が現実的なものとして浮上したことを意味する。それは全てをかけた戦争でもあり，戦争が機械化することで現実的に世界征服が技術的に可能になったばかりか，征服された状態を維持すること，つまり世界国家も可能になったと指摘されている。ここでモーゲンソーの念頭にあるのは，米ソいずれもであろう。維持するための方法は被征服民の心を中央集権的に統制し強制的に社会統合するという方法が重要な一つとされる。征服者がコミュニケイションの手段を独占的に統制し，人民から反抗する意思を奪う。モーゲンソーはそれをバークのいう「改宗」に重ね合わせているのではないだろうか。もち

ろんモーゲンソーは「人権宣言」を否定しようとしているのではない。その点はモーゲンソーの枠組みからは外れている。だが「改宗」の内容は別として,「普遍的君主制」を目指す国家は「改宗の精神」に支えられているという構図は18世紀に留まるものではないと見ているのではなかろうか。

　バークは本書において,フランスの「改宗の精神」がヨーロッパの一部にどのような秩序を普及させるのかはまだ不明だとしつつ,しかし種子は撒かれていると指摘した。それは新聞による。

　　「著者がボールを一度投げるだけなら大した効果はないが,多量に継続的に繰り返されれば決定的」であり「誰かに朝晩,12か月話を聞かされれば,彼は我々の師（master）になる」（Ⅷ：348）

　モーゲンソーはまさにここを引用している。彼は『国際政治』後に『国益の擁護』を著しているが,そこでは「アメリカの世論にとって合衆国とソビエト連邦との衝突は（……）悪の諸力に対する善の諸力の完全な勝利として終わる」とし,この対立を善悪の対立にすることでアメリカが真に必要とする国際政策を見失うことに繋がるとして極めて否定的であった（Morgenthau, 1952：76-7＝1954：78）。そしてその対立が終わった時はいずれかの世界征服であり,そこでの「善」は「心の中央集権的な統制」の結果であって,それがバークのいう「師」として認識されているとみてよいのではないか。

　ところで第二次大戦後,いやすでに戦間期において「宣伝（プロパガンダ）」の「重要性」は頂点を迎えていたはずである。「宣伝」については,アメリカの宣伝担当として第一次大戦に参加し,後にステレオタイプを論じたリップマンもいれば,より直接的にそれを体現したヒトラーもいたはずである。ヒトラーを引用しないまでも,こうした「心の中央集権的統制」についてバーク以外にも少なくない議論が展開されていたことは間違いない。

　にもかかわらず,何故モーゲンソーはバークを引用したのであろうか。それはバークの議論が「宣伝」のみの理論でもなければ単なる勢力均衡の理論でも

なく，それらが論理的に結び付いた国際秩序理論になっていたからではなかろうか。バークは「普遍的君主制」（世界国家）による支配が「改宗の精神」を伴うことで，現実的に，勢力均衡による諸国の独立をもたらす国際秩序を脅かしていると認識し，後者の国際秩序を擁護した。それがモーゲンソーにおいては，「心の中央集権的統制」による世界国家を目指す米ソに重ね合わされているように思われる。

以上の検討からして，モーゲンソーは全面戦争そしてその結果としての世界征服，世界国家を避けるための勢力均衡の理論としてバーク『フランスの国情』を読解していると見ることができるであろう。

2．『和解決議演説』とリーガリズム批判

前節の議論はモーゲンソーとバークに関しては，詳細は別として勢力均衡という点に限れば，本章冒頭で見たようにむしろ標準的なものであるかもしれない。だがモーゲンソーは勢力均衡以外についてもバークを引用している。本節ではそれを検討してみよう。

実はモーゲンソーはデビュー作『科学的人間と権力政治』と『国際政治』でバークの同じ一節を引用している。それは1775年の『アメリカとの和解決議案についての演説』（*Speech on Conciliation with the Colonies*）の一節である。

まずこのバークの演説について最小限のことを踏まえておこう。アメリカ植民地に対し，イギリス本国議会が課税法案を提出したことに端を発するアメリカ独立と戦争については周知の通りである。アメリカ独立問題は，「代表なければ課税なし」というフレーズからもわかる通り，通常は「代表」つまり政治参加と自由の問題として捉えられてきた。バークの属するロッキンガム派はアメリカ課税に対し終始反対しており，バークはニューヨーク州のエージェントを開戦まで勤めていたこともあって，議会において度々課税反対演説を行い，開戦してからも和解そして独立賛成を唱えた。「バークのアメリカ擁護の目的はまずもって帝国の維持であった」。「戦争が泥沼状態に入ってからは（……）

独立承認に傾き，やがてそれを明確に主張するようになった。そしてそれはアメリカの自由であるとともに，イギリス憲法のためでもあった」というのがバークのアメリカ論の標準的理解であろう（岸本，2000：244）。ここで取り上げる『和解決議演説』は第二回大陸会議の時期に行われたものである。その頃は課税権が主権に含まれるかどうかが一つの大きな論点となっていた。含まれるとすれば，むろんアメリカの主張は法的に誤っていることになるし，一般的には主権の内容に，戦争と平和の権利つまり開戦権と和平協定の権利に加え，課税権が含まれると解されていたのである。だがバークは「私は課税権の問題には一切立ち入らない決心である」と述べ（Ⅱ：135=1973：131），アメリカと対立を深める政府に対し，アメリカの自由を否定することは，翻ってイギリスが自由な国家であることを自己否定することになると主張した上で，アメリカの行動を刑事事件として訴追することもできないと論じている。この行為は，自由の精神によってもたらされたものであり，一つの人民に対して起訴状を書くことはできないと論じた。そして以下のように主張する。

　「私にとっての問題は，果たして諸君は人民を不幸に陥れる権利を有するかではなく，彼らを幸福にすることが諸君の利益にならないのかということである。それは法律家がこれこれをしてもよいと許可する事柄ではなく，人間性と理性と正義が私はこれこれをなすべきであると告げる事柄である」（Ⅱ：135=1973：131）

　モーゲンソーが『科学的人間』と『国際政治』の双方で引用したのはこの一節である。彼はバークが自由を主題にして論じていることを知らなかったはずはないが，しかし関心を持ったのはそこではない。

　それを理解するために，ここでの検討に必要な範囲に限って『科学的人間と権力政治』の論旨をいささか乱暴だが辿っておこう。本書は18世紀から始まった合理主義哲学や科学主義の批判を行っている[4]。これらは過去の状態を非合理的権力欲による暴力的ゲームと捉え，それに対し現在から未来にかけて

は政治学者，経済学者らを通じて理性が覇権をとるとし，翻って政治は悪として克服すべき対象としている。それゆえ政治における不一致は合理的計画からの逸脱となり，倫理的にもおぞましいものと捉えられ，政治上の敵対者は科学的，倫理的敵対者となってしまう。この思考が勢力を獲得したのは中産階級のイデオロギーとなったためである（2章）。18世紀から19世紀にかけて国内で支配的勢力となった中産階級は法の支配を確立し，政治の本質たる権力欲（lust or aspiration for power）[5]を最小化ないし消滅させ，政治の機能を技術的なものに還元した。そしてそれを国際的次元にまで当てはめようとしたのである。現実には国際的次元には権力欲が残り，戦争はなくなっていないが，いずれ消滅するものと想定され，例えば不干渉政策という形で実践に移されていく（3章）。自由主義政治哲学はこのように政治に対する積極的な考えを持たない哲学となり，そこにおいては権力政治としての国際政治は瞬間的現象であり例外と把握されてしまう（4章）。戦間期は，理論的にも実践的にもこの合理主義，自由主義が勝利したと見えた時期だが，それはウィルソンの思考と行動に最も典型的に現れており，人間の行動を合理的力によってのみ変化させるという倫理の力に対する信仰に依拠していたが（7章），結果的に失敗する。それは科学主義，合理主義が政治問題の説明に失敗していたからであって，万人に共通する権力欲に起因した権力政治が社会生活と不可分であることから出発すべきだということになる（1章）。

　さてこの『科学的人間』において先ほどのバークの一節はどこに引用されているのか。それは国際的次元における法の支配に関して論ずる部分である。合理主義者たちは国際紛争も法的に処理すべきであると主張する。だがモーゲンソーによればある種の紛争は既成の法の支配では解決されない。「何故なら問いに付されているのは既成の法ではなく，その解釈と適用だからである」。「この種の紛争に際して問題になるのは，誰が正しく誰が誤っているかということではなく，個々の国家の特殊利益を平和と秩序という一般利益に結び付けるには何がなされるべきかということなのである。答えられるべき問題は何が法かではなく，それが如何にあるべきかであり，この問題は法律家によって答えら

れるものではなく，ただ政治家によってのみ答えられるものである。そこでの選択は合法性か違法性かではなく，政治的賢明さか政治的愚かさである」(Morgenthau, 1946：120=2018：132)。ここでバークの一節が引用されている。『国際政治』における引用も同主旨といえよう[6]。

さらに続けてもう一つ，バークのアメリカ問題を論じた『ブリストル執行官への書簡』の以下の一節も引用している。それはアメリカ植民地人に対して本国政府が人身保護令を停止するという法案の採決を求めたことに対し，バークが反論する中で主張したものである。

> 「確かに法律家は各自が準拠すべき厳格な規則を持っている以上，私が主張するような区分を設けることはできないかもしれない。しかし立法者は法律家がなしえぬことを果たさなければならない。何故なら立法者は理性とエクイティという偉大な原理，そして人類の一般通念以外には拘束されるいかなる基準も持っていないからである」(Ⅲ：295=1973：181)

モーゲンソーは国際政治におけるリーガリズムを批判している。国内的領域において一応の成功を見たリーガリズムを国際的領域にスライドさせようとすることは，合理主義的には正しい解決法とされ，国際紛争は究極的には法的に解決しうると想定されている。そこでは紛争は最終的には法に関する無知，無理解に還元されるが，しかしそれは基本的には間違いなのである。既存の法に関する知識の有無とは別に紛争は起きる。法的に解決を試みることは一方の当事国の利益を正とし他方を邪とすることを意味するのであって，むしろ紛争は悪化し，平和や秩序という一般利益には結びつかない。国際紛争において望ましいのは法的解決よりも政治的解決なのである。モーゲンソーにとって『和解決議演説』のバークはそれを指摘した理論家である。

ここからモーゲンソーがバークの『和解決議演説』をどう読んだのかが明らかになってくるであろう。モーゲンソーは，バークの直面した，帝国の維持と自由という両立の難しい問題について（しかもバークは結局自由を選択したことも

むろん理解しているであろうが）特に関心を示しておらず，むしろ捨象している。英米戦争を本国と植民地との対立ではなく，二つの国家間の紛争にまで抽象化しており，その紛争の原因が何かを読み込もうとしている。その視角から見えてくるのは，例えば課税権は主権に含まれているのかといった法的論争の当事者たちと，その論点に「一切立ち入らない決意」を表明し「一つの人民に起訴状を書くことはできない」のであって「法律家」の対象ではないと主張するバークの対立であった。前者はリーガリズムの現れであり，政治的対立を，より法的に処理することを試みることで，客観的判断を目指しているように見える。それに対し後者は，前者からすれば「逃げ」であり「見当外れ」の議論に映ったかもしれない。だが実際は前者は一方の主張を誤りとし（例えば人身保護令の一部停止といった）懲罰的制裁を科すものであって，むしろ対立から紛争への燃料を注ぎ込んでしまっている。それに対し後者，バークは紛争の原因を適切にもリーガリズムそのものに求めているのである。

しかもバークは対立を紛争に至らせない処方箋も示しているとモーゲンソーは捉えている。

> 「全ての統治は，いやそもそもあらゆる人間の利益ないし享有物，あらゆる徳，あらゆる賢明な行為は，皆妥協と融通の上に成り立っている。我々は不便さを秤にかけ，互いに譲り合う。我々はある種の権利を享有するために他を放棄し，神経質な論争家よりも幸福な市民たる道を選ぶ。市民的利益を享受するためには一部の自然的自由を断念せねばならないのと同様，我々は大帝国の共同的な市民であることの有利さを得るためには，ある種の市民的自由を犠牲にしなければならない」（Ⅲ：157 = 1973：157）

モーゲンソーはこれを，平和の維持のためには「国家は自らにとって死活的でない全ての争点で妥協しようとしなければならない」と解釈し，外交の基本方針の一つとしている（Morgenthau, 1948：562=1998：570）。もちろん全てで妥協はできないのであって，バークも続けてこう述べている。「しかし全て公正

な取引というものは買ったものと手放されたものとの間に適当な釣り合いがなければならない。誰も自分の魂の一番大事な宝石を、ただ同然で手放す者はいない」。モーゲンソーは何が「自分の魂の一番大事な宝石」なのか、つまり死活的利益なのかを判断することが外交における「最も困難な仕事」と指摘している。だがいかに困難であれ、平和への処方箋はリーガリズムではなく妥協なのであり、モーゲンソーにとって『和解決議演説』のバークは紛争の原因と処方箋を首尾一貫して論理化した理論家の一人として映じているのである。

3.『同盟国の政策についての所感』と権力欲

　だがモーゲンソーにとってバークは勢力均衡の理論家、リーガリズムの批判者に留まるものではない。バークは1793年に『同盟国の政策についての所感』(*Remarks on the policy of the Allies*) を著しており、モーゲンソーは『国際政治』でここからも引用している。

　この著作の概要を踏まえておこう。これはフランス革命後、イギリスを中心にした第一次対仏大同盟の進行を見ながら、その政策についての考察を展開した著書である。ここでバークはジャコバンをフランスの人民と考えるべきでないとし、本来的には君主制こそが正当な政府であるとして、革命フランスをヨーロッパの構成員とはすべきでないと主張する。それに加え、今後の政策もヨーロッパの勢力均衡を前提に立案すべきとしている。具体的にはイギリスの権力の増大に対する同盟国スペインの懸念を軽視すべきではないということである。他方でフランスが崩壊すれば周辺国の餌食になり、その結果は戦争の増加、拡大に直結するため、フランスの国力が減少することへの懸念を論じた。フランスの完全な崩壊はイギリスの安全保障には決して貢献しないとバークは強調する。それゆえ、自国の拡大に繋がることに反対することが苛立たれることは承知しているとしながらも、バークは次のように論じた。

　「野望への警戒の中でも自国自身に対する警戒は不適当ではないだろう。

イギリスの力と野望を私は恐れている。公正に見てそう言わなければならない。私は我々の存在が余りにも恐れられることを恐れている。我々は人間ではない，とか，人間だが何らの方法であれ拡大したいとは思わない，などと言うことは愚かしい。まさにこの時，我々は苛立たしくも拡大していないと言えるか？　我々はすでに世界の商業のほとんど全てを保持している。インドにおける我が帝国は恐れの対象である。商業におけるこの優位の全てを持つだけでなく，いささかも制御されず，全ての他国との商業を完全に自らに有利な形で依存させられる状態になれば，この驚くべき前代未聞の力を濫用することはないと言えるかもしれない。しかし全ての他国は，すると考えるだろう。遅かれ早かれ，この事物の状態は我々の没落を招くことになる対抗連合を生み出すに違いない」(Ⅷ：488)

この一節をモーゲンソーは軍国主義を論じた部分で引用している(『国際政治』3部国力10章国力の評価)。何故，軍国主義と関係するのであろうか。文脈を踏まえておくと，国力の評価は対外政策において重要な要素であり，評価の誤りの原因は三つ挙げられるが，その一つが，単一の要因に重要性を与え過ぎ他を無視することであるとする。地理という要因のみを重視する地政学，国民性という要因のみを重視するナショナリズム，そして軍備という要因のみを重視する軍国主義である。

この軍国主義に関してモーゲンソーは，歴史的に見て「15世紀に近代国家システムが成立して以来，いかなる国家も全くの物質的力だけで世界の残りに対し長期間自国の意思を押し付けることに成功していない」が，その理由は「かき集めることのできる最大限の物質的力を国際政治の秤に載せる国は，その力に追いつき追いぬこうとする全ての競争国の最大限の努力に対決することになる」からであると論じている。

しかしイギリスは例外であったとしている。イギリスだけは優越的地位を継続的に維持することができたのである。「一方において，その自己抑制によって強力な同盟国を獲得し，したがって現実に優越国になったがために，その優

位に対する重大なあらゆる挑戦を克服することができた。他方，イギリスの優位が他国の生存を脅かすということはなかったので，イギリスは自国に挑戦しようとする他国の動機を最小限に抑えることができた」からである。

もちろんモーゲンソーはここでもやはり，冷戦，つまりアメリカとソ連の軍備競争を念頭に置いている。一方が「かき集めることのできる最大限の物質的力を国際政治の秤に載せ」ようとすれば，当然に他方が「最大限の努力」を払うことになる。つまりモーゲンソーは米ソが軍国主義化する，あるいはしている，と危ぶんでいることは明らかであろう。そこで重要になるのは，例外たるイギリスの在り方であることになるのである。モーゲンソーは続けてこのように指摘している。「グレート・ブリテンがその力の絶頂を迎えようとした時，イギリスは同国最大の政治思想家の警告に注意を払った。その警告は1793年に発せられたのと同様に，今日でも時宜を得たものである」(Morgenthau, 1948：173-4=1998：175)。ここでバークの先の一節が引用されている。

バークの『同盟国の政策についての所感』においても，先ほど触れたように，ヨーロッパの勢力均衡について論じている。だがモーゲンソーはそれに関心を示していない。第1節でみたように，すでに『フランスの国情』においてそれを把握していたからであろう。改めて『フランスの国情』という著作が勢力均衡理論の著作であるとモーゲンソーが認識していたことが明らかになる。また，バークが力を入れているヨーロッパ国際政治のメンバーシップについても，つまり君主制国家こそが構成員でありジャコバンはそれに当たらないという議論についても（少なくとも）関心を示してはいない。それらは同書においてはむしろ副次的要素としてモーゲンソーにおいては把握されていると見るべきであろう。同書の核心部はイギリスの対外政策なのである。それはさらに言えば，国際的な協調と対立の在り方であろう。対立とはいかなるものであってはならないのか。そして協調においても決してなくならない個別利益をどう理解すべきなのか。対仏大同盟時のイギリスが取るべき政策をバークは論じたが，その中にこれらをモーゲンソーは読み取ろうとしている。その論理こそが同書の核心部をなしているとモーゲンソーは理解しているのである。

まず「かき集めることのできる最大限の物質的力を国際政治の秤に載せる国は，その力に追いつき追いぬこうとする全ての競争国の最大限の努力に対決することになる」というモーゲンソーの洞察が，バークの「遅かれ早かれ，この事物の状態は我々の没落を招くことになる対抗連合を生み出すに違いない」という言及に重なりあっていることは言うまでもあるまい。バークが自国の拡大に繋がることに反対するのは苛立たれると言っているように，今次の戦争はフランスを無力化する絶好の機会だとする議論は存在した。対立国に対するこうした態度，政策は採用可能だったろうし，その目標は物理的にも達成可能だったかもしれない。しかしバークはそのような態度，政策を批判する。対立とはそのようなものであってはならない。対立国に対するそのような政策は，同盟国に対してネガティブな影響を与えてしまうからである。バークの分析によれば，フランスを無力化することが引き起こすのは，同盟国スペインのイギリスに対する猜疑である。この対仏大同盟が終わった時に，スペインの勢力は現状維持かもしれないが，イギリスは以前よりも遥かに強大になっており，次に標的になるのはスペインかもしれないと猜疑し恐怖するだろう。その時スペインは同盟関係から外れる行動をとることになり，イギリスの安全保障は逆に脅かされることになる。ここで対立国に対する政策は，同盟国に対する政策に直結しているのである。二つの態度，政策は独立しているのではなく，相互連関しているとバークは分析する。対立の在り方は協調の在り方に結び付いているのである。それゆえにバークはフランスを崩壊させるべきではないと結論づけている。

　モーゲンソーはこれを自己抑制と解釈している。覇権に近づいている国家が軍事力を総動員することは競争国の対立の強化を呼び込み，戦争へと導かれているのに対し，自己抑制することは対抗しようとする動機を減少させるがゆえに，平和の維持に接近する。モーゲンソーはこの時期のヨーロッパに冷戦期を重ね合わせている。米ソが互いに対立を強化していく論理と同時に，いずれかが覇権を完全にしようとした時，同盟国はそれを猜疑，恐怖し，戦争は終結しないという論理が現れている。この論理が「今日でも時宜を得ている」とモー

ゲンソーが言う時，バークの『同盟国の政策についての所感』の中心的論理はそこにあるとモーゲンソーが見ていることを意味するだろう。

　だが，モーゲンソーが最も注目しているのは，この論理の前提になっていることかもしれない。具体的に言えば，最前のバークの一節の「野望への警戒の中でも自国自身に対する警戒は不適当ではないだろう」「我々は人間ではない，とか，人間だが何らの方法であれ拡大したいとは思わない，などと言うことは愚かしい」という部分かもしれない。同盟諸国はフランス革命の影響力を封じ込めることを目的としており，バークはジャコバン批判の理論的指導者ともいうべき存在である。フランスの崩壊は影響力の封じ込めにとっては最も効果的と言える。だがイギリスによるフランスの崩壊の原動力は，真に影響力の封じ込めなのか。それはイギリスの「野望」なのではないのか。フランスにとって代わり普遍的君主制を目指すのではないか。先ほどの論理は，原動力は「野望」なのか「影響力の封じ込め」なのかと換言されることになる。そしてそこに自己認識と他者認識の問題が重なってくるだろう。他者が「野望」だと認識するなら，いかに「封じ込め」だと自己認識していても，それは自己を欺いているに過ぎなくなってしまう。原動力としての「野望」を自己認識せよというのがバークの主張なのである。

　モーゲンソーはここに注目しているのではないのか。つまり政治を行う人間をどのように見るのかという人間観にまで議論は及んでいるのではないだろうか。バークは18世紀の用語法にしたがって「野望」と呼んだが，それをモーゲンソーは「権力欲」と呼んでいるとみてよい。この「権力欲」をモーゲンソーは『科学的人間』において「利己主義」と比較して説明しているので確認しておこう。「権力欲が他者との関係における行為者の人格に求められても，それは我々がこれまで語ってきた利己主義と密接に関係するが，利己主義と同じものではない」。「利己主義の典型的な目標」は「食・住・安全」といったもので，つまりは個人の生存そのものに関係するが，「権力欲は個人の生存そのものと関係するのではなく，彼の生存がひとたび獲得された後でその同胞間における自身の地位と関係している。したがって人間の利己主義には限界がある

が，人間の権力意思には限界がない」(Morgenthau, 1946=2018：209-10)。このような「権力欲」は残念ながら人間から取り去ることができないものである。「人間は本来，政治的動物である」がゆえに「人間は生まれながらに権力を求めるが，現実の状況が彼を他人の権力の奴隷にする。人間は生まれながらに奴隷であるが，至る所で主人になろうと望む」からである (Morgenthau, 1946=2018：183-4)。だが合理主義哲学，自由主義政治哲学は人間の本質に関わるものを克服可能な悪しき習慣，性癖に類するものとして取り扱い，リーガリズムの浸透がそれを可能にするとした。いや，そのプロセスはすでに進行していると考えた。

　それからすれば，権力欲の認識を妨げるものは，自然的なものだけでなく，リーガリズムが挙げられるであろう。人間は自然的に自己の行動を権力欲に基づくと認識することを妨げられている。だがそれだけでなく，権力欲というものは単なる悪しき習慣に過ぎず，リーガリズムによってすでに過去のものになったとして，権力欲をいまだ啓蒙されない他者の習慣として把握させられてもいるのである。国内においてはともかく国際的次元では依然として明確な権力欲に基づく行動があるにもかかわらず，それを把握できなくなっていくことになろう。そして把握できないものを自己抑制することは不可能である。モーゲンソーはそれを強調した。もちろんそこには冷戦における米ソ両陣営の拡大志向が真にイデオロギー上のものに留まっているのか，それとも権力欲に基づくものなのかという問いが潜んでいよう。こうして国際的な協調と対立の在り方は，その根源にある人間観によって左右されているといえる。

　そうしたモーゲンソーからすれば，勢力均衡を国際政治の基本政策に据えるバークに，リーガリズムを批判した上で人間の本質として権力欲の自己認識，そして自己抑制を主張していることに論理的一貫性を読み取ったことは何ら不思議なことではないだろう。

おわりに

　冒頭で触れたウェルシュは，バークがヨーロッパを一つの文化的共同体と認識していたことを指摘し，バークが展開するフランス革命批判とそこから生まれるフランスに対する反革命戦争擁護論をこのことに基づいて把握しうると主張している。主権国家という枠組みを受け入れていたバークが何故，隣国に介入することを正当化しえたのか，それについて分析し，ヨーロッパは確かに個々の主権国家によって成り立っているが，にもかかわらず一つの共同体の側面を持っているため，その共同体を破壊する行為に対して，共同体の存続をかけて敵対的構成員に対して処罰的に介入することは可能だとする論理は正当化されるとバークは論じた，そう結論している。実はウェルシュが数少ないバークの国際政治思想の研究として言及したヴィンセントの研究も介入についてを一つの論点としているのである (Vincent, 1984)。国家主権と介入という国際政治にとっては一つの大きな論点に資する研究だが，それらと比べると，これまでに検討したモーゲンソーのバーク理解は極めて異なっていると言わざるを得ないであろう。

　だがそれには多少の理由があると見るべきである。ヴィンセントやウェルシュの議論は1980年代後半から90年代前半に行われたものであり，この時期は言うまでもなく，人道的介入が国際的に大きな問題となった時期だったと言ってよい。つまり冷戦末期には米ソの対立のために，国連による，迫害された少数民族の保護が困難になっていることが問題として論じられていたし，冷戦終了後にはユーゴスラビアを一つの頂点とするジェノサイド，民族浄化が問題となって，それに対して空爆といった形での人道的介入の是非が大きく論じられたからである。それに対してモーゲンソーの場合は，冷戦黎明期における問題意識が少なからず見受けられることは指摘した通りである。いずれも自己の関心をバークに読みこんでいることは否定しえないであろう。だがそれはおしなべて否定されることとは言えない。一方でそれぞれの問題は必ずしも一回

第4章　エドマンド・バークを読むモーゲンソー　*111*

的問題とは思われない上に，他方でバークの思想もむしろ様々な角度から読まれるべき思想と考えるべきであろう。

　そこからすれば，モーゲンソーのバーク理解は，同じ冷戦期におけるバーク読解であるJ・L・タルモンの議論と比べることで，その特徴の一つを把握することもできるのではないか（Talmon, 1952=1964）。タルモンの議論の詳細をここで展開する余裕はないが，概略を言えば，ソビエト・ブロックを全体主義的民主主義と把握した上で，その源流をフランス革命期，とりわけルソーの思想に求め，バークの思想の中核部分を，これに対するジャコバン批判および反革命思想と性格づけている。この読解は西側保守陣営の一部の論理と寄り添うものだったかもしれない。これに対しモーゲンソーは，すでに指摘したように，ジャコバン批判やヨーロッパの構成員性，反革命については全く関心を示していない。社会主義，共産主義についても同様である。彼がイデオロギー的にニュートラルであったかどうかはともかく，いずれかを善と把握することそのものに対して批判的であり，時間的に前後するがあえて言えば，タルモンのようにバークを読むことを避けている。冷戦期にバークを読むということも一様なものではなく，モーゲンソーはバークを平和と秩序を具体的に追求する政治思想家として読解することに集中していることがよくわかる。それは冷戦黎明期という時代の限定，そしてモーゲンソーという個性による限定によって片付けることができない普遍的な要素を多分に孕んでおり，政治思想としてバークのこの三つの著作を読む上でも，踏まえるべき基本的な知識を提供している。

　ところで，最後になったが，リーガリズム批判，権力欲，そしてとりわけ勢力均衡はバークならずとも論じられてはいよう。ではモーゲンソーは何故バークを取り上げたのであろうか。それは答えのない問いであって，推測することしかできないが，一つのヒントはあるように思われる。モーゲンソーは次のように述べている。「合理主義者の思考様式は18世紀の転換以来変化しておらず」，合理主義哲学，自由主義政治哲学を「特定の歴史的経験の下でのみ真実である人類学的，社会的，政治的仮説を永遠の真理らしくみせる哲学的仕組

み」である（Morgenthau, 1946=2018：13-4）。つまり18世紀は合理主義哲学が確立し，自由主義政治哲学が成長していった時代だということである。そこではリーガリズムが説得力を拡大していった。バークが，リーガリズムが紛争の原因となることを訴え，権力欲が人間の本質に関わるものであることを主張し，勢力均衡の構造や機能を踏まえた上で政策を論じていたのは，まさにその最中のことだったことになる。モーゲンソーがバークに注目した理由はそのことと無関係ではないのではなかろうか。

1) ワイトは『国際理論』において，国際理論の伝統を革命主義，現実主義，合理主義の三つに整理し，バークを合理主義の論者として把握している。ウェルシュはバークはワイトの言う合理主義には結局バークは当てはまらないと論じているが，バリー・ブザンによれば，ワイトの言う「合理主義の起源はグロティウス，ロック，ヒューム，バーク，トクヴィルらの著作にあった」とされている（Buzan, 2014=2017：5）。
2) この講義は出版されているが（Morgenthau, 2004），確かにバークの名前は一度しか言及されていない。
3) モーゲンソーはバークの主著『フランス革命についての省察』からは引用していない。同書は国際関係についての言及が皆無ということはないが，中心的論題とまでは言えないだろう。そのためと見てよいと思われる。
4) モーゲンソーの言う合理主義とワイトの言う合理主義は異なっている。だがその違いを検討することはいささか本稿の目的からは外れるので，別稿を当てることとしたい。
5) モーゲンソーは権力欲を正当化しようとしているのではない。宮下によれば「モーゲンソーによれば（…）個人の行為そのものが次の三つの理由から『少なくとも潜在的に非道徳的』」であり，三つめの理由として「他者に対して自己を優越させようとする欲求である『支配欲』つまり権力欲が，他者に対して行為する際に常に介在する」が挙げられている（宮下, 2012：133）。
6) 『国際政治』（10部平和の問題32章外交の将来）でもモーゲンソーは全く同じ文言を使っている。「しかし外交官が直面する選択の仕事は合法か非合法かを選ぶことではなく，政治的叡智と政治的愚かさのどちらを選ぶかということである」（Morgenthau, 1948：563=1998：572）。一点，注意すべきことは，『科学的人間』ではそうではなかったが，『国際政治』では外交という文脈に移し替えられているという点である。宮下の研究によれば，『国際政治』とそれ以前の違いについては「平和維持があらゆる国家の最大の関心事となった」と論じられる点であり，これは「1946年までの著作の中に認めることは難しい」のであり，「平和維持の手段として外交交渉が新たに『調整による平和』としての位置づけを付与されるとと

もに，この外交を復活させる必要性が提起されている点」である（宮下，2012：164）。とすれば，この「移植」については，バークの一節に関する理解の変更ではなく，国際紛争についての処方箋を外交論へと変化させただけだと見てよいだろう。

参 考 文 献

エドマンド・バークの著作については以下のものに拠り，引用の際は巻数をローマ数字，ページ数をアラビア数字で記した。なお『和解決議演説』に関しては中野好之訳『エドマンド・バーク著作集2 アメリカ論・ブリストル演説』（みすず書房，1973年）のページ数も併記した。
The writings and speeches of Edmund Burke, ed. Paul Langford, Oxford U.P.

大賀哲，2010,「ハンス・モーゲンソーにおける国際政治学と政治学史」『政治研究』57
岸本広司，2000,『バーク政治思想の展開』お茶の水書房
宮下豊，2012,『ハンス・J・モーゲンソーの国際政治思想』大学教育出版
Buzan, Barry, 2014, *An introduction to the English School of international relations*, Polity Press (= 2017, 大中他訳『英国学派入門』日本経済評論社)
Morgenthau, Hans J, 1946, *Scientific man vs. Power politics*, The university of Chicago Press (= 2018, 星野・高木訳『科学的人間と権力政治』作品社)
―――, 1948 (7th ed. 2006), *Politics among nations*, McGraw Hill (= 1998, 現代平和研究会訳『国際政治 権力と平和』福村出版)
―――, 1952, *In defense of the national interest*, Alfred A. Knopf (= 1954, 鈴木・湯川訳『世界政治と国家理性』創文社)
Morgenthau, Hans J, ed. Anthony F. Lang, 2004, *Political theory and international affairs*, Praeger
Talmon, J. L., 1952, *The origin of totalitarian democracy*, Secker and Warburg (= 1964, 市川泰次郎訳『フランス革命と左翼全体主義の源流』拓殖大学海外事情研究所)
Vincent, R. J., 1984, Edmund Burke and the theory of international relations, *Review of international studies,* 10
Welsh, Jennifer M., 1996, Edmund Burke and the Commonwealth of Europe: the cultural bases of international order, ed. Clark, Ian and Neumann, Iver B., *Classical theories of international relations*, Macmillan Press (= 2003, 高橋和則訳「エドマンド・バークとヨーロッパというコモンウェルス」，押村・飯島代表訳『国際関係思想史』新評論)
Wight, Martin, 1991, *International theory: the three tradition*, The continuum international publishing group Ltd. (= 2007, 佐藤・安藤・龍澤・大中・佐藤訳『国際理論 三つの伝統』日本経済評論社)

第 5 章
アガンベンにおける国家

遠藤　孝

はじめに

　ジョルジョ・アガンベン（Giorgio Agamben）（1942-）は，現代イタリアを代表する思想家である。彼の論考の対象は多岐にわたるが，政治哲学にかんする著述も多い。その代表的なものは，世界的に成功を収めた《ホモ・サケル》シリーズである[1]。

　アガンベンが政治を思索する上での特徴として，次の点を指摘することができる。それは「従来の政治思想においては周縁的にしか扱われてこなかった事象」を中心に据えることである。例えば『ホモ・サケル』であれば「主権的例外化」，『アウシュヴィッツの残りのもの』であれば「証言」，『王国と栄光』であれば「オイコノミア」である（高桑 2016b：138）。このことが原因のひとつであろうが，従来の政治思想の中心的位置を占めていた〈国家〉についての論考が少ない。さらに，管見によれば，アガンベン関連の研究のなかで，国家にたいする研究もまた少ない。

　とはいっても，アガンベンの関心が国家にたいして全く向けられていないというわけではない。時事的な論考においては，国家にたいする関心が前景化しているものもある。さらに，《ホモ・サケル》シリーズの一部をなす『スタシス』では，比較的詳細に国家を論じているといえる。本章では，こうした論考のなかからいくつかを取り上げて，アガンベンがどのように国家を論じている

のかを検討する。方法として，アガンベンが提起しているキーワードの意味を明確化し，相互の関係を考察する。ここで検討するキーワードは，セキュリティ，内戦，装置，脱政治化，マルチチュード，テロリズムである。

1．アガンベンの問題意識

セキュリティの問題については，既に『人権の彼方に』（Agamben 1996=2000）で提起されていた[2]。マクローリンによれば，アガンベンの解釈では，カフカの『巣穴』とはセキュリティへの過度の依存を寓話化した話である（McLoughlin 2016：1）。アガンベンは以下のように論じている。

> 物語の主人公である名のない動物（……）は，難攻不落の巣穴を建設するのに取りつかれたように専心しているのだが，この巣穴は，逆に出口のない罠だということがしだいにわかってくる。しかし，これはまさに，西洋の国民国家という政治空間において起こったことではないのか。国民国家が構築すべく専心してきた家（「祖国」）は，そこに住むことを余儀なくされた「人民」にとって，結局のところ死を約束された罠でしかないことが明らかになった（Agamben 1996：108=2000：144）（訳文は適宜変更，以下同じ）。

このように以前から，アガンベンはセキュリティに関心を抱いていた。この関心が簡潔に示されている論考として，「秘密の共犯関係」（Agamben 2001=2002）を挙げることができる。これは新聞への投稿であるが，そこでは国家，セキュリティ，テロリズムの相互関係が論じられている。アガンベンは近代国家の誕生とともに「セキュリティ（Sicherheit）が国家の政治の指針となった」と述べる。それはホッブスにさかのぼる。しかし，セキュリティの思想が全面的に展開するのは18世紀になってからだと指摘する。18世紀のフランスでは重農主義が展開された。アガンベンは，フーコーの研究を参照しながら，重農主義においてセキュリティは，法律や規律とは別の統治の道具であったことを

指摘する。規律を加える権力は領土を閉ざす方向に進み，予防し規制しようとすることで秩序をつくり出そうとする。一方で，セキュリティの権力は領土を開き，グローバリゼーションを進め，このプロセスに介入し制御しようとする。すなわち無秩序を制御しようとする (Agamben 2001 : 45=2002 : 34-35)。

このようにセキュリティの特徴を明らかにした上で，アガンベンは次の認識を示す。「今日私たちは，このセキュリティの思想が極限にまで，そして最も危険なところまで達した状況に直面している」。これは現在，セキュリティが「政治的な正統性の唯一の基準」となってしまったからである。「セキュリティという思想には大きなリスクが伴う」と，アガンベンは指摘する。というのは，国家はセキュリティに特化することで脆弱な組織になり，絶えずテロリストから挑発されることで，自らがテロリズム的なものになるからである。セキュリティはこうした危険性をはらんでいるのである。実際にもフランスにはOASがあったことをアガンベンは指摘する (Agamben 2001 : 45=2002 : 35-36)[3]。

18世紀が「ポリツァイ学」の時代であったことにも，アガンベンは注意を促す。アガンベンの理解では，この理論家たちは「政治を警察（ポリツァイ）に還元しようとしていた」。これは「国家とテロリズムの違いがなくなる」ことを意味する。そうなると「セキュリティとテロリズムがひとつの死のシステムをつくり出す」ことになる (Agamben 2001 : 45=2002 : 36)。

この危険性，すなわち国家とテロリズムが秘密の共犯関係を結ぶ危険性は，さらに世界的な内戦を呼び起こし，人びとの共存を不可能にするところまで発展しかねない。アガンベンはこのように警告する (Agamben 2001 : 45=2002 : 37)。

以上のとおり，この論考ではアガンベンの問題意識が簡潔に示されている。現在，国家はセキュリティに特化していること，そのために自らがテロリズム的になってしまうこと，こうした関係が世界的な内戦につながることである。

ここであまり明確でない点は，内戦と警察の問題であろう。両方とも，ここでは詳しくは論じられていない。しかし，内戦については，2001年の10月の米国での講演で取り上げられる。警察については，2013年11月のアテネでの

講演で取り上げられる[4]。

2. 内　戦

『スタシス』は，《ホモ・サケル》シリーズのⅡ-2という位置を占め，2015年に出版された。この著作のもとになっているのは，アガンベン本人が「序」で述べているように，2001年10月のプリンストン大学でのセミナーである（Agamben 2015a：7=2016：5）。その意味では，いわゆる「9.11」を背景にしている。このあと，「テロとの戦争」なるものが現在（2019年3月時点）に至るも続けられているのは周知の事実である。こうしたテロリズムと一連の「テロとの戦争」は伝統的な戦争概念，つまり「主権国家間の国際紛争」という見方を変容させた（五野井 2018：72-75）。この変容に対して，従来，戦争について考察してきた法学や政治学は十分に対応できていないという認識がアガンベンにはある（Agamben 2015a：9-11=2016：9-12）。

ここでは，『スタシス』に収められているふたつの論考——「スタシス」と「リヴァイアサンとビヒモス」——から，アガンベンがどのように国家を論じているかを考察する。

(1) 西洋の政治化／脱政治化の基礎としての内戦

「序」においてアガンベンは，これらふたつの論考で「内戦のなかに西洋の基礎的な政治化の閾（soglia）を同定し，《アデミア》つまり人民（popolo）が欠けていることのなかに近代国家の構成的要素を同定する」というテーゼを提案する（Agamben 2015a：7=2016：5）[5]。

「スタシス」では，内戦（la guerra civile）が論じられている[6]。ここでアガンベンは，古代ギリシアにさかのぼりつつ，内戦が西洋の政治システムに占める特異な位置を明らかにする。アガンベンは，プラトン（『法律』）を参照しつつ，「兄弟と敵，内と外，家と都市（国家）を内戦がひとつのものとして同化し，互いに区別不可能なものにする」と主張する（Agamben 2015a：22=2016：

33）。ここから「スタシスは家族という非政治的空間と都市（国家）という政治的空間のあいだの違いがなくなる地帯を構成している」という位置を占めていることが明確になる（Agamben 2015a：24=2016：35）。スタシスが占めるこのような位置は以下の効果をもたらす。

　　内戦は政治化と脱政治化の閾として機能しており，そこを通ることで家は都市（国家）へと超出し，都市（国家）は家族へと脱政治化される（Agamben 2015a：24=2016：35-36）（傍点は原著ではイタリック，以下同じ）。

ここでの「政治化」とは「市民であること（cittadinanza）」つまり市民権と関連している。紀元前5世紀の古代ギリシアにおいて，「市民であることがそれ自体として社会的なアイデンティティの政治的な判断基準」となった（Agamben 2015a：26=2016：38）。市民であることが政治に直結される。このギリシア特有の政治化のプロセスは西洋政治に継承されている。このことは次のことを意味する。

　　政治化とはオイコスとポリスとのあいだの緊張の場に位置づけられるべきであり，その場は両極にあって相互に対立している政治化と脱政治化というプロセスによって定義づけられる（Agamben 2015a：27=2016：40）。

このように考えると，内戦と政治化／脱政治化の過程は同じ位置を占めることになる。スタシスと政治とのあいだには「本質的なつながり」があると，アガンベンは分析する。さらにアテナイでの「大赦（l'amnistia）」の制度からも，この本質的なつながりは確認できるとも述べる。この大赦は，ここでは内戦にかんするものであり，これは内戦を忘れることである。アガンベンは，アリストテレスを引用しながら，「内戦に対する大赦は最も政治に適した振る舞い」と指摘する（Agamben 2015a：28 = 2016：42-43）。さらに法権利（diritto）の観点から，以下のように内戦を定義する。

両派のいずれにも与しないことは政治的に有罪であり，他方では，内戦が終了したら内戦を忘れることは政治的な義務である（Agamben 2015a：28=2016：43）。

内戦が発生すれば参加する義務があり，終了すれば忘れる義務がある。内戦は分裂と統合の過程を構成する。したがって，内戦，政治，都市（国家）の関係は以下のようになる。

スタシスは，非政治的なもの（オイコス）が政治的なものへと生成することを，また政治的なもの（ポリス）が非政治的なものへと生成することをしるしづける，都市（国家）と本質をともにする政治的パラダイムを構成する。（……）それは，都市（国家）においてつねに可能的であるにとどまるべき忘れられないものであるが，しかしながら訴訟や怨恨をつうじては想起されてはならないもの（……）（Agamben 2015a：29=2016：44-45）。

このように論じたあと，アガンベンはふたつの「暫定的結論」を提示する。ひとつは，内戦と例外状態との類似性である。例外状態では，ゾーエー（自然的な生）は排除されることで法的-政治的秩序へと包含される。これと同じように，スタシスではオイコスが政治化されることでポリスへと包含される（Agamben 2015a：30=2016：45-46）。「排除＝包含」の関係であり，これはアガンベンが『ホモ・サケル』（Agamben [1995] 2005=2003）以降，繰り返し用いている図式である。

もうひとつはさらに複雑である。「オイコスとポリスのあいだの関係において働いているものは」――以上見てきたようにそれは内戦であるが――「差異のなくなる閾の構成」であり，そこでは「政治的なものと非政治的なもの，外のものと内のものが一致する」のである。こうした分析から，以下の見解が出てくる。

第5章　アガンベンにおける国家　*121*

　私たちは政治を，オイコスとポリスが両極に位置する，一種の力の場（un campo di forze）と考えなくてはならない。両者のあいだで内戦は閾をしるしづける。その閾を通過することによって非政治的なものが政治化され，政治的なものが「家政化」される（Agamben 2015a：30=2016：46）。

　この見解から〈政治的実体（sostanza politica）の非存在〉が導き出される。なぜなら，「政治とは，政治化と脱政治化，家族と都市（国家）という緊張の流動（correnti tensionali）によって絶えず貫かれている場である」からだ。政治という「場」では「緊張の流動」，すなわち内戦が常時保存されている。これがアガンベンの考える政治である。したがって「内戦は西洋政治の舞台から抹殺されることができない」と主張する（Agamben 2015a：30-31=2016：46-48）。

　スタシスと政治とのあいだにある，この「本質的なつながり」は現代においては「テロリズム」という形式で現われる。「近代政治は生政治である」以上，「世界的テロリズムは生としての生が政治の賭け金となっているときに内戦が引き受ける形式である」（Agamben 2015a：31-32=2016：48）。

　「生が政治の賭け金となっている」とはどのような状態を指すのであろうか。アガンベンは，この「スタシス」のなかで以下のように論じている。

　　「生きること」と「よく生きること」を（……）対置するということは同時に，第一項を第二項へと含みこむこと，家族を都市（国家）へと含みこむこと，ゾーエーを政治的な生に含みこむこと（……）自然的な生が政治のなかへとこのように排除されること――それは同時に包含されることでもある――（……）（Agamben 2015a：20=2016：29）。

　アガンベンは，西洋政治の基礎として，生きること（ゾーエー）とよく生きること（ビオス）に生が分割されることを指摘する。生きることは古代ギリシアにおいては都市（国家）から排除されていたが，排除とは同時に包含するこ

とであり，したがって生は全面的に政治の場にとらえられているという認識を示す。この認識もやはり『ホモ・サケル』以降，繰り返し用いられている。〈生が全面的に政治にとらえられている〉ことが「生が政治の賭け金となっている」ことを意味している。これは〈オイコスのポリス化〉につながる。「オイコスという形象」が「グローバルな経済管理の絶対的空間としての世界」となり，そこに「ポリスが提示されるとき」，「スタシスはオイコスとポリスのあいだの閾に位置づけることはもはやできず，あらゆる紛争のパラダイムとなり，恐怖政治（terrore）の形象へと入りこむ」。ここでテロリズムは「世界内戦」となる。この「恐怖政治」が国民主権＝国民国家の成立と「一致したのは偶然ではない」と，アガンベンは述べる。国民国家の特徴は国民，つまり誕生が主権に直結している。「生としての生が政治化されうる」のである。政治が全面的に生をとらえられるのは，アガンベンの言い方では「剝き出しの生」という形式においてのみだからである（Agamben 2015a：32＝2016：48-49）。

以上のように，政治的実体なるものつまり国家は存在しないこと，国家ではなく政治化／脱政治化の過程である内戦が存在するに過ぎないこと，そして生政治とグローバリゼーションのもとでは内戦はテロリズムとなり，そこでは恐怖政治が成立していること，さらにこの恐怖政治は国民国家と連結したものであることを，アガンベンは論じている。

ここでオイコス，グローバリゼーション，ポリス，スタシスおよび生の入り組んだ関係を解きほぐしてみたい。脱政治化の極としてのオイコスがグローバリゼーションによって拡大することで，地球上ではオイコスではない場所はなくなる。それでも政治化の極としてのポリスすなわち国家は存在し続けている。〈ポリスのオイコス化＝オイコスのポリス化〉という事態が出現する。両者は重なり合い，オイコス，ポリス，閾が一体となる。そこでスタシスは世界規模に拡大することになり，すべての紛争を特徴づけることになる。それとともに，西洋政治の基礎としてそして国民国家において，生が全面的に政治の場にとらえられていることにより，生がスタシスに直結されることになる。生は

恒常的に内戦の可能性に向き合わされることになる。ここで恐怖政治が成立する。この恐怖政治がセキュリティの基盤となる。

(2) マルチチュードとの関係から

「リヴァイアサンとビヒモス」では，ホッブス『リヴァイアサン』の初版口絵（エンブレム）をテコにして議論が進められる[7]。アガンベンは「リヴァイアサンがどこに位置しているのか」という問いを立てる。彼によれば，この問いは従来の研究では見過ごされてきたものであり，この〈リヴァイアサンの位置〉が重要であるとされる（Agamben 2015a：42-43=2016：67-70）。

> いずれにせよ決定的なのは——大地と海の対置を超えた先で——「可死的な神」，「人工的人間に他ならない，コモンウェルスもしくは国家（Stato）と呼ばれるもの」（ホッブスは序で，リヴァイアサンをこのように定義している）が，都市のなかにではなく都市の外に住まっているという驚くべき事実である。リヴァイアサンの場は都市の壁の外であるのみならず，その領土の外でもある。（……）コモンウェルス，政治体は都市の物理的身体とは一致しない。この変則的状況をこそ私たちはこれから理解すべきなのである（Agamben 2015a：45=2016：70）[8]。

「この変則的状況」とは別の変則的状況についても，アガンベンは指摘する。それは，このエンブレムのなかでは「都市（国家）が完璧に住民を欠いているということ」である。確かにこのエンブレムを見ると，城壁のなかには誰もいない。アガンベンはこの状態を以下のように分析する。

> 都市（国家）の住民が全員リヴァイアサンの身体へと移ったのだという説明も可能ではある。しかしそれでは，主権者のみならず人民もまた自らの場を都市（国家）にもたないということが含意されることになる（Agamben 2015a：45=2016：71）。

これらふたつの「変則的状況」に対して，アガンベンは「別の研究結果を検討する」ことを提案する。その研究結果とは「《コモンウェルスもしくは国家 (Stato) と呼ばれる》人工的人間の一貫性自体を問いに付すものである」と述べている (Agamben 2015a：46=2016：72)。この研究結果とは「光学装置 (dispositivo ottico)」についてのものである。それは1640年代に流行していたらしい「遠近法の仕掛け」であり，以下のような効果をもたらす。

　　短い中空の筒を通して，さまざまな人物像を含む一枚の絵を見ると，そこに描かれている人物たちは誰一人として見えず，それらの人物の各部分から作りあげられた一人の人物が見えるというもの（……）(Agamben 2015a：46=2016：73) [9]。

　この光学装置のもたらす効果は「多数性 (molteplicità) に統一性を授けることを可能にする」。これは「市民というマルチチュード (moltitudine dei cittadini) を単一の人格へと統一する」ことである。アガンベンによれば「遠近法のしかけによる幻像のようなもの」であり，ここから「政治的代表は光学的表象にすぎない」という判断が下される。しかし注意深く，次のことも指摘される。「だからといってより効果的ではないというわけではない」(Agamben 2015a：47-50=2016：76-77)。光学装置をとおして多数性／市民というマルチチュードが統一性／単一の人格へと移行される。このことを確認したのちに，アガンベンはエンブレムの「謎 (enigma)」に戻る。

　この謎は，先にも確認したように，ふたつある。ひとつは「住民 (abitanti) のいない都市」であり，もうひとつは「地理的境界の外に位置する国家 (Stato)」である。アガンベンはホッブスの『市民論』を読解することで，これらの謎に対処する。まずアガンベンは，ホッブスがその著作のなかで「人民 (populus)」と「マルチチュード (multitudo)」を区別し，彼自身がこのことを「逆説」と定義づけしていることを指摘する (Agamben 2015a：50=2016：77-78)。ホッブスのいう人民とは，「何かのひとつであるものである。それはひと

つの意志を持っており，ひとつの行為をこれに帰すことができる」ものである。その上でホッブスは「人民はあらゆる国家において君臨する。なぜなら，君主国においても命令するのは人民だからであり，その理由は，人民がひとりの人物の意志を通じて意志するのだから」と述べる。一方，「マルチチュードとは市民たち，言いかえれば臣民たちのことである」。このように区別された人民とマルチチュードとの関係は，次のようになる。すなわち，「民主制と貴族制においては，市民たちはマルチチュードであるが，会議は人民である。また君主制においては，臣民たちはマルチチュードであり，（逆説的ではあるが）王は人民である」(Hobbes [1642] 1983 : 151=2008 : 239)。

　アガンベンによれば，これらの逆説に対する回答はやはり『市民論』自体のなかにある。第7章において，ホッブスは人民とマルチチュードの関係を次のように述べる。王の選出手続きが「実行されたあかつきには，人民はもはやひとつの人格ではなく，解体されたマルチチュードである。なぜなら，人民の人格がひとつであったのはもっぱら主権的権力の力によってであったが，この主権的権力を人民はすでにそれ自身からこのひとりの人物〔王〕へと委譲してしまったからである」(Hobbes [1642] 1983 : 111=2008 : 164,〔　〕は筆者による補足)。同様の事態つまり「解体されたマルチチュード」の出現は民主制や貴族制においても発生する。主権的権力の移譲により，人民はその存在根拠も失うからである (Agamben 2015a : 52=2016 : 82-83)。

　アガンベンは，この「解体されたマルチチュード」が重要であると主張する。『リヴァイアサン』では「ひとつの人格に統一されたマルチチュード」つまり人民は，「コモンウェルス，ラテン語ではキウィタスと呼ばれる」。ここで〈人民＝国家〉という図式が成立する。この人民は「ひとりの人間または人びとの合議体を任命して，自分たちの人格を担わせ」る (Hobbes [1651] 2012 (v.2) : 260=[1964] 2006 (二) 33)。

　アガンベンによれば，この瞬間すなわち国家が成立した瞬間，人民は「解体されたマルチチュード」に移行する。国家（政治体），人民，マルチチュード，主権者の関係を，アガンベンは以下のように論じる。

政治体とは，マルチチュードと人民-主とのあいだの緊張においてのみ存在している不可能な概念なのである。政治体は，主権者が構成されることにおいて，つねに本当に解体されようとしている。他方，主権者のほうは人工的人格であって，その統一性は光学装置の，もしくは仮面の効果なのである（Agamben 2015a：53=2016：83）[10]。

アガンベンによれば，『リヴァイアサン』においても，この「マルチチュードの逆説的なありかた」が論じられている。『リヴァイアサン』の第18章で次のようにホッブスが論じていることを，アガンベンは指摘する（Agamben 2015a：53-54=2016：84-85）。

すでにコモンウェルスを設立した人びとは，そうすることによって，あるものの諸行為と諸判断を自己のものとするように，信約（Covenant）で拘束されているのであるから，かれの許可なしには，どんなものごとについてであれ，他のだれかに対して従順であるという新しい信約を，かれらのあいだで結ぶことは合法的でありえない。それであるから，ある君主にたいして臣民である人びとは，かれの許しなしに，君主政治を投げ捨てて無統一なマルチチュードの混乱へ復帰することはできない（Hobbes [1651] 2012 (v.2)：264= [1964] 2006（二）36-37）。

アガンベンによると，『リヴァイアサン』のこの箇所と先の『市民論』では矛盾があるように見えるが，協定の前の「統一されていないマルチチュード」と協定のあとの「解体されたマルチチュード」とを区別することで矛盾はなくなる。「人民-主という逆説が構成されるというのは，マルチチュードから発してマルチチュードへと戻っていくプロセスなのである」。しかし，これらのマルチチュードは質的に異なる。この関係をアガンベンは以下のように論じる。

人民が解体されてしまったあとの解体されたマルチチュードは，統一され

ていないマルチチュードとは一致しえない。解体されたマルチチュードは，新たな主権者を任命すると称することはできない。統一されていないマルチチュード－人民／主－解体されたマルチチュードという循環はひとつの点において破断されており，最初の状態〔統一されていないマルチチュード〕に戻ろうとする企ては内戦と一致する（Agamben 2015a：54=2016：85-86．〔　〕は筆者による補足）[11]。

　以上，人民の不在という論点で，アガンベンが主張したいことは明白であろう。「人民－王」は君臨することで都市（国家）のなかに居場所を持てない。したがって地理的境界の外に位置することになる。先にも確認したように，ホッブスによれば「ひとつの人格に統一されたマルチチュード」つまり人民は，「コモンウェルス，ラテン語ではキウィタスと呼ばれる」ので，〈人民＝国家〉という図式が成立する（Hobbes [1651] 2012（v.2）：260=[1964] 2006（二）33）。すると，人民は国家でありながら，国家の外に位置するということになる。その都市（国家）のなかには「解体されたマルチチュード」が存在するが，代表（表象）はされない（Agamben 2015a：55=2016：87）。住民がいないように描かれるのはそのためである。

　この「解体されたマルチチュード」が「都市における唯一の人間の現前であり」，「マルチチュードが内戦の主体である」という仮定が成立すると，このことは「内戦がつねに国家（Stato）において可能的なままだということ」を意味する。アガンベンはこのように述べる。ここから「内戦とコモンウェルス（……）は共存している」という関係が導き出される。そして「国内戦争（guerra intestina）がマルチチュードの勝利で終わってはじめて，コモンウェルスから自然状態への回帰，解体されたマルチチュードから統一されていないマルチチュードへの回帰が起こる」とされる。このことは「内戦とコモンウェルスと自然状態」は，「ひとつの複雑な関係によって結合されている」ことを意味する。その関係とは「自然状態とは内戦を過去へと神話的に投影したものである。逆に，内戦とは自然状態を都市（国家）へと投影したもの，都市（国家）

を自然状態の観点から見るときに出現するものである」(Agamben 2015a：60-61=2016：96-98)。こうして国家と内戦が不可分の関係であることが論じられる。

都市(国家)のなかには人民ではなく，解体されたマルチチュードが存在する。解体されたマルチチュードが内戦を現実化することで，コモンウェルスは自然状態へと回帰する。したがって内戦を現実化させずに可能なままに保ち，マルチチュードを解体されたままに保たなければならない。これらの必要性のために，何らかのものが要求されるのである。

3. 装　置

(1) 装置とは

「装置とは何か？」(Agamben 2006=2006) という論考で，アガンベンはフーコーが論じていた「装置」という用語を取り上げ，その文献学的な意味を経由して，現代における装置の位置について論じている。この論考では，執筆された当時のアガンベンの「仕事全般を規定している一般的地平の存在が想像される」(高桑 2016a：211)。本節で論点となるのは「脱主体化」である。これは他の論考では，セキュリティの問題に接続される。

この「装置」という用語の「もともとの単一の意味」とは，「しかじかの緊急時に直面し，多かれ少なかれ即座の効果を獲得することを目標とする，さまざまな実践・メカニズムの全体であるように思われる」と，アガンベンは定義する (Agamben 2006：14=2006：87)。

この装置のひとつが「オイコノミア」である。「ギリシア語でオイコノミアと言えば家(オイコス)の管理という意味であり，より一般的には運営，マネジメントという意味である」。アガンベンによれば，これはキリスト教神学における「三位一体」と関係している。「オイコノミアは，かたや三位一体の教義と，かたや摂理にもとづく神の世界統治という理念，このふたつがキリスト

教信仰のなかに導入されるにあたって用いられる装置になった」。初期キリスト教の段階から，「オイコノミア概念は摂理概念によって基礎づけられ，世界に救済をもたらす統治，人間の歴史に救済をもたらす統治を意味するようになっている」。このオイコノミアがラテン語を用いる教父たちによって「処置（dispositito）」となった。フランス語の"dispositif"，イタリア語の"dispositivo"の語源である。フーコーが論じた「装置」はこの神学的遺産に接続される。アガンベンによると，結局「オイコノミアとは，人間の振る舞い・身振り・思考を，有用だとされる方向に向けて運用・統治・制御・指導することを目標とする実践・知・措置・制度の総体のことである」とされる（Agamben 2006：15-20=2006：87-89）。

ここまでの議論でアガンベンは，装置が統治にかかわるものであることを確認する。そして，装置を「新たな文脈」に置くことで議論を進めていく。アガンベンは「存在者を大きなグループ」に分割する。「その分割の一方には生きものたち（ないし実体たち）が，他方には彼らがたえず捕捉されている装置の数々がある。つまり（……）一方にあるのは被造物たちの存在であり，他方にあるのはその被造物たちを善へと向けて統治・指導しようとする諸装置のオイコノミアである」。この生きものたち（実体たち）と諸装置とのあいだに第三項としての「主体（soggtti）」がある。これは「生きものたちと諸装置とのあいだの関係の結果，両者のいわば取っ組みあいの結果に生まれたもの」である。これは実体とは完全に重なり合うことはない。現代においては，「諸装置の莫大な増加」が見られ，これに対応して「莫大な主体化プロセスの増殖」が見られる。これは主体の「分散」であるとアガンベンは分析する（Agamben 2006：21-23=2006：89-90）。

(2) 脱主体化

装置とは主体化にかんするものであるが，先程確認したように，統治とも深く関係している。つまり「装置とは（……）さまざまな主体化を生産する装置であり，そのような機械であってはじめて統治機械となる」のである（Agamben

2006：29=2006：91)。

　アガンベンは,「現在の資本主義的発展の極相」を「装置の膨大な集積・増殖」と定義づける（Agamben 2006：23=2006：90)。このような様相のもとで，諸装置は「脱主体化と呼ぶことのできるプロセスをつうじて働いている」と論じる。方向が反転してしまうのである。アガンベンは次のように論じる。「脱主体化の契機は，たしかにあらゆる主体化プロセスに暗に含まれていた。(……)しかし，今起こっていることは，主体化プロセスと脱主体化のプロセスの見分けがたがいにつかなくなり，新たな主体の再構成が起こらなくなる，ということである」。現在の資本主義的発展の極相，すなわち現代社会は「膨大な脱主体化プロセスによって貫かれた，生気のない身体たちの群れという姿を呈している」（Agamben 2006：30-32=2006：92)。

　脱主体化のプロセスに覆われた社会が成立する。この社会を構成する市民たちは「毒にも薬にもならない」存在となるが，アガンベンによれば「──おそらくはそれゆえに──権力からは潜在的なテロリストとみなされる」ようになる。なぜなら「ふつうの人間ほどテロリストに似ている者もいない」からである。累犯者を同定するために開発された人体測定テクノロジー（指紋など）は19世紀に起源をもつが，このテクノロジーを「発展させ完成させる生体認証装置がヨーロッパの新しい規範によってすべての市民に課される一方で，ビデオカメラによる監視は都市の公共空間を広大な監獄の内部へと変化させる」。いまや装置は「生のあらゆる領域にその権力を浸透・分散させている」と，アガンベンは分析する（Agamben 2006：33-34=2006：93)。

　脱主体化のプロセスに覆われた社会を基盤とする現代国家は，装置による統治の場と化しているといえよう。つまり装置は統治にかかわり，脱主体化のプロセスを進め，生のあらゆる領域に浸透している。現代社会は脱主体化された市民で構成される。その社会を基盤として現代国家が成立していることになる。現代国家は〈装置による統治および脱主体化の実践の場〉となっている。この脱主体化された市民たちは権力から潜在的なテロリストとみなされ，生体

認証装置と監視カメラによる捕捉の対象とされる。セキュリティが全面化してくることになる。

4．セキュリティ国家

　以上の節で取り上げた論考は，「前世紀に十全なしかたで準備されていた生政治的体制が《9.11》をきっかけにしてセキュリティによる統治という様相をますます強め，権力がその主軸を立法から行政（および内政・警察）へ，政治から経済へと確実に移行させ，しかもそのような統治がヨーロッパ規模で，さらには地球規模で展開させるようになっているという事態を共通の背景にして」いる。この節で取り上げるふたつの論考は「このような視点をあらためて整理して提示したもの」である（高桑 2016b：141-142）。

　「脱構成的権力の一理論のために」（Agamben 2013）は，アテネでの講演である。2009 年から続くギリシア経済危機のさなかで，この講演は行われた。「法治国家からセキュリティ国家へ」（Agamben 2015b=2016. 翻訳の題名は「法治国家から安全国家へ」）は，2015 年 11 月のいわゆるパリ同時多発テロと，その直後の緊急事態発令を受けて執筆された。本節ではこれらの論考のなかで，アガンベンがどのように国家を論じているかを考察する。

(1) セキュリティの全面化

　「脱構成的権力の一理論のために」の冒頭で，アガンベンは「仮説」を提案する。それは以下のようなものであり，アガンベンの問題意識がよく表れていると考えられる。

　　今日の欧州において優勢になりつつある統治の範例は民主的なものではなく，政治的なものとして考えることさえできません。そこで今日の欧州社会はもはや政治的な社会ではないということを，私は立証しようと思っています。すなわち完全に新しい何かであり，私たちは適切なターミノロ

ジーを欠いており，それゆえに新しい戦略を考え出さなければならないのです（Agamben 2013）。

そしてアガンベンは「セキュリティ」をキーワードとして提起する。それは「どんな政治的な概念にも取って代わったように見えます」と指摘される。以下のように彼は続ける。

「セキュリティ上の理由のために（for security reasons）」という決まり文句が，今日，あらゆる領域で，つまり毎日の生活から国際紛争にいたるまで機能しています。それは人びとが受け入れる理由をまったく持ち合わせていない措置を負わせるためのパスワードのようです（Agamben 2013）。

この「セキュリティ上の措置」は「危険や混乱（troubles），さらにカタストロフを予防することを目的とするものではありません」と，アガンベンは主張する。こうした認識を論証するために，「セキュリティの概念」の「系譜学」が必要とされる。この系譜学は「例外状態」の起源と歴史を考察することで可能になる。ここでアガンベンは，古代ローマから20世紀までの例外状態を簡潔に振り返り，「もともと例外状態は暫定的な措置として考えられていた」ことを示す。一方で，「セキュリティ上の理由は，今日，統治の恒久的なテクノロジーを構成しています」と論じる。というのは，今日では「正式な例外状態は宣言されない」かわりに，「あいまいで非法律的な概念——セキュリティ上の理由のような——」が「何も明確に同定可能な危険性のない，とらえどころのない（creeping）架空の緊急事態を安定した状態にするために使われている」からである（Agamben 2013）。〈セキュリティの全面化〉というべき事態になっているというのがアガンベンの診断である。

同様の認識は既に「秘密の共犯関係」でも示されていた。さらに「法治国家からセキュリティ国家へ」でも示されている。そこでは，「セキュリティ」は「テロリズムの予防をめざしているのではなく，（……）人びととの新しい関係

の確立をねらっている。それは全般化した際限ないコントロールという関係だ」(Agamben 2015b=2016：203)。

例外状態とは一定の限定された時間であったが，現在は常態化し，さらにセキュリティに取って代わられた。したがって「私たちがそのもので生きている特異な (peculiar) 統治性を理解するためには，例外状態というパラダイムは完全には適切でないと思います」という分析が出てくる (Agamben 2013)。

軍事的，経済的な危機を背景にして例外状態が出現することは，既に論じられていた[12]。こうした議論を継承しつつも，ここでは現代は別の段階に入ったという認識が示される。このことを論じるために，フーコーの提起を受け継いで，重農主義者ケネーの思想が取り上げられる。アガンベンによると「ケネーは統治の理論のなかで中心的な概念としてのセキュリティをはじめて確立しました——しかも非常に特異な方法においてです」(Agamben 2013)。ケネーは，当時の政府の重要な課題であった飢饉を防止するのではなく，飢饉が発生したあとの事態に対処しようと考えたのである。つまり「混乱の予防ではなく，それらが発生したのちによい方向に統治し導く能力」としてセキュリティを構想したのである。アガンベンは「私たちはこの逆転の哲学的含意を無視すべきではありません」と警告する。「原因を統治することは困難で費用がかかる」一方で，「結果を統治しようと試みることはより安全で有効である」からだ。そして「この公理 (axiom) はあらゆる領域に適用されます。それはエコノミーからエコロジーまで，外交や軍事政策から内政上の警察的な措置までにです」(Agamben 2013)。アガンベンによると，セキュリティとは事後的な措置という統治形態である。

(2) セキュリティによる脱政治化

事後的な措置を機能させるために「生体認証セキュリティ装置 (biometrical security apparatuses)」，「生体認証テクノロジー (biometrical technologies)」が適用される。これは「社会生活のあらゆる局面に徐々に浸透している」。18世紀のフランスおよび英国において生体認証テクノロジーがはじめて登場した。

「指紋（finger prints）」である。アガンベンが論じるところによると，やはり発案者たちは「明確に犯罪の予防を意図しておらず，常習的犯罪者（recidivist delinquents）を識別することだけを意図していた」。なぜなら「第二の犯行が発生したときのみ」，「生体認証データを容疑者の特定に使用できる」からである。20世紀になり，この生体認証テクノロジーは「ついにはすべての人間に拡大された」。アガンベンはこのように分析している[13]。その上で以下の問題を提起する。

> 権力によって表出される危険を想像することは容易でしょう。その権力とはすべての市民の無限定な，生体認証にそして遺伝的にかんする情報を自由に処分できるのです。（……）私が皆さんと共有したい考えは，むしろセキュリティのテクノロジーに巻き込まれた政治的なアイデンティティと政治的な関係性が変質しているということについてです。この変質はあまりにも極端なので，私たちが生きている社会はまだ民主的なものなのかということだけではなく，この社会は政治的なものとしてまだ考えることができるのかということも，正統に問うことができるのです（Agamben 2013）。

セキュリティのテクノロジーの拡大が民主主義だけではなく，〈政治的な関係性の変質〉すなわち政治自体をも侵食しているという認識が，ここでは示されている。この過程を，アガンベンは「脱政治化」と把握している。彼によれば，政治化とはやはり，古代ギリシア，特にアテネに起源をもつものである。ここでは，古代ギリシアの政治化の過程が西洋の政治に伝えられたということ，そして「そこではシチズンシップが決定的なものとしてとどまっていた」ことに注目している。その上で以下の提起を行う。

> 私が皆さんに提案したい仮説は，こうした基礎的な政治的要因が取り返しのつかない過程に入ってしまったということです。その過程とは，脱政治

化を強める過程として定義することしかできないのです。(……) 行動と非行動、私的なるものと公的なるものが徐々にぼやけて区別のできないものになります。このシチズンシップが脱政治化する過程はあまりにも明白で、私はそのことについて長々と論じるつもりはありません（Agamben 2013)。

この〈シチズンシップの脱政治化〉は、先ほど論じられた「政治的アイデンティティ」の問題に接続される。

私はむしろ、セキュリティのパラダイムとセキュリティ装置がこの過程においてどのように決定的な役割を果たしているかを示そうと思います。犯罪者のために考え出されたテクノロジーを市民へますます広げていくことは、必然的に市民の政治的なアイデンティティに関連します。人類の歴史においてはじめて、アイデンティティがもはや社会的人格やそれを他人が承認することで機能するのではなく、むしろ生物学的なデータとして機能します。これは指紋のアラベスクや DNA の二重螺旋のなかでの遺伝子の配置のようなもので、社会的人格といかなる関係ももつことはできません。最も目立たず（neutral）かつ最も私的な事物が社会的アイデンティティの決定的な要素になります。したがって社会的アイデンティティは自らの公的な性質を失います（Agamben 2013)。

最も目立たない私的な事物すなわち指紋や DNA といった身体的な同一性が、社会的アイデンティティを構成する。公的なものと私的なものが重なり合うことになる。この面でも〈生が全面的に政治にとらえられている〉状態が成立する。しかもこの関係は一方的なものではない。アガンベンは次のように指摘する。「新しいアイデンティティ」つまり「生物学的な事実によって決定されたアイデンティティ」は、「人格なしのアイデンティティ」であり、そのため「政治と倫理の空間はその意味を失い、徹底的に再考察されなければならな

い」。生が政治の領域で全面化することで，政治の意味がなくなってしまうことにつながる。こうしたいわば「生物学的アイデンティティの政治的アイデンティティの優位」は「確かに近代国家における剝き出しの生の政治化に関連している」と分析される（Agamben 2013）。

(3) セキュリティ国家

以上のような「市民がしだいに脱政治化と呼ぶべき状態に向かう抑えがたい傾向」（Agamben 2015b=2016：204）が進行することで，セキュリティ国家である警察国家が成立する。アガンベンは以下のとおりに論じる。

> 身体的アイデンティティの上に社会的アイデンティティをならしてしまうこと（leveling）は常習的犯罪者を同定することからはじまったことを決して忘れるべきではありません。今日，国家とその市民たちとの通常の関係が容疑によって，つまり警察の申し立て（filing）や統制によって決定されているとしても驚くべきではありません。私たちの社会を支配している暗黙の原則は次のように述べられます。すなわちすべての市民は潜在的なテロリストであるというものです。しかしこのような原則に支配されている国家とは何でしょうか。私たちはそれをまだ民主主義国家として定義づけできるでしょうか。それどころか政治的な何かとして考えることができるでしょうか。私たちは今日どんな種類の国家に住んでいるのでしょうか（Agamben 2013）。

現代国家は警察国家であり，民主主義国家どころか政治的な存在ですらない。これがアガンベンの分析である。この国家での「警察の役割は定義できない」と彼は述べる。なぜなら警察は「自由裁量の権力（discretionary power）」をもち，これは警察官が「公的なセキュリティの危険という具体的な状況でいわば主権者として振る舞うことを可能にする」のであるが，「実際には決定しない」からである。「あらゆる決定は原因に関係するが，警察は定義上決定不

可能な結果に作用する」のである。今日では「国家理性」は「セキュリティ理性」に取って代わられてしまった。「セキュリティ国家は警察国家です。(……)警察とは一種のブラックホールです」とアガンベンは論じる（Agamben 2013）。

この警察国家では、「あらゆる法律の確実性の放棄」がなされる。このことは、政治の領域にとどまらず、市民生活全般の曖昧化、不確定化を招くとアガンベンは論じる。法治国家では「犯罪はもっぱら司法的捜査によって立証」されなければならないが、セキュリティ国家では、とりわけ「テロリストによる犯罪」の場合、「警察とそれに依拠するメディアの伝えることで満足しなければならない」。このふたつは、通常、「あまり信用できない」とされる機関である。このふたつの機関が行う「出来事の拙速な再構成」には「信じがたい曖昧さや明らかな矛盾」が存在することになり、結局のところ、「噂話」が広がることになる。つまり「セキュリティ国家にとっては、みずからが保護を引き受けているはずの市民が、自分たちを脅かすものにかんして不確かであるままのほうが好都合である」ということなのである。こうした「不確かさ」が「法律の確実性」にとって代わり、規範と化すのである（Agamben 2015b=2016：204-5）。

このセキュリティ国家＝警察国家という分析のもとで、以下の提案を行う。

> 私がここで提案したい仮説は、みずからをセキュリティのしるしの下に位置づけることで、近代国家は政治の領域を離れ、無人の地に入るというものです。その地の地理も境界もまだ知られていません。(……) 私たちはセキュリティ国家が持っている民主主義に対する危険性に注意すべきです。というのは、セキュリティ国家のなかでは政治生活は不可能になるからです。一方で民主主義とは政治生活の可能性を正確に意味します（Agamben 2013）。

セキュリティ国家は政治を消滅させる。アガンベンの診断では、私たちが住んでいる世界は、いわば〈無政治状態〉に向かっている。

おわりに

　アガンベンは「法治国家から安全国家へ」において，セキュリティ国家の特徴を次の3点にまとめる。まずは「全般的な恐怖の状態の維持」であり，次に「市民の脱政治化」，そして「あらゆる法律の確実性の放棄」である（Agamben 2015b=2016：205）。

　内戦が生政治とグローバリゼーションのもとでテロリズムと化すことで，恐怖政治が成立する。セキュリティ国家はこの恐怖政治のうえに成立する。〈ポリスのオイコス化＝オイコスのポリス化〉という事態の出現によって，そして政治的主体である人民が「解体されたマルチチュード」になることで，さらに現在ではセキュリティ装置によって，市民は脱主体化され，脱政治化される。これもセキュリティ国家の基盤となる。セキュリティ国家では警察が主権化することで，法の確実性は失われる。以上のようにアガンベンは論じていると考えられる。

　このように振り返ってみると，2001年の段階で持っていた問題意識が確実に深められていったことがわかる。「アガンベンは進化ではなく深化する哲学者である」（高桑 2016a：239，強調は原文）ことが明確化されたともいえよう。

　取り残した論点は多い。そのなかで最大のものは「閾」とセキュリティ国家との関係である。アガンベンは「閾の思想家」である[14]。これはアガンベンの思想の中心をなす。おそらくアガンベンはセキュリティ国家を閾ととらえていると思われるが，この関係については本章で考察を深めることはできなかった[15]。また，アガンベンは状況分析だけではなく，今後の展望も論じているのであるが[16]，それも考察できなかった。これらは他日を期したい。

  1)《ホモ・サケル》シリーズとは，アガンベンの「ライフワーク」（岡田 2008：73）であり，9つの著作で構成される。詳しくは，上村 2016：480-481。
  2) この著作には，アガンベンの政治哲学における重要な概念がほとんど示されている。本来，ここから検討すべきであるが，諸般の事情でできなかった。これも他

第 5 章　アガンベンにおける国家　*139*

　　　日を期したい。
3）OAS（Organisation Armée Secrète）とは，1961-63 年にアルジェリアの独立に反対した右翼の秘密武装組織。軍部の一部と植民者で結成され，多数のテロを引き起こした。
4）警察については，本章では第 4 節で取り上げる。
5）これらの論考において国家を取り上げるにあたり，アガンベンは，「コモン-ウェルス（Common-wealth）」，「政治体（body political）」という言葉を用いている（Agamben 2015a：45=2016：70）。これらについては特に問題はないであろう。さらに「都市（città）」という言葉も用いている。これについては疑問を感じないでもない。しかし，この「都市（città）」は「ポリス（*polis*）」と等置され，「オイコス，《家族》もしくは《家》（l'oikos, la «famiglia» o «casa»）」と対置されている（Agamben 2015a：14=2016：17-18）。やはり国家の意味で使っていると考えてよいであろう。翻訳書では "città" は「都市」と訳されているが，これは "polis" の訳語であり，「国家」の意味を持つものとする。翻訳書 18 頁の訳注を参照。本稿では「都市（国家）」と表記する。
6）「内戦」は古代ギリシアでは "stasis" である（Agamben 2015a：12=2016：15）。
7）このエンブレムは，岩波文庫版では『リヴァイアサン（一）』の 4 頁に掲載されている。
8）この引用箇所では，国家（Stato）と都市（città）の両方があるので，訳し分けをした。以下，訳し分けがある場合は同様の事情による。
9）この装置の図面は次のところに掲載されている。Agamben 2015a：48-49=2016：74-75。
10）「人工的人格」はアガンベンによる『リヴァイアサン』からの引用。
11）この関係は図式化されている（Agamben 2015a：54=2016：86）。〔　〕は筆者による補足。
12）たとえば Agamben 2003：23=2007：29。
13）ここでアガンベンは「あらゆる国において」写真と指紋が ID カードのために使用されているということを述べている。これは事実誤認であろう。
14）上村 2009：344。
15）「閾」については，例えば Murray and Whyte eds. 2001：189-191, 岡田 2011：35-51, 遠藤 2018：177-180。
16）この点については，Colebrook and Maxwell 2016：162-165。

引 用・参 考 文 献

Agamben, Giorgio, ［1995］2005, *Homo sacer: Il potere sovrano e la nuda vita*, Torino: Eunaudi.=2003, 高桑和巳訳『ホモ・サケル』以文社。
　　──, 1996, *Mezzi senza fine: Note sulla politica*, Torino: Bollati Boringhieri.=2000, 高桑和巳訳『人権の彼方に　政治哲学ノート』以文社。
　　──, 2001,"Heimliche Komplizew; Über Sicherheit und Terror", *Frankfurter*

Allgemeine Zeitung（20, 9, 2001, site.45）=2002,「秘密の共犯関係」, 中山元編訳『発言』朝日出版社, 34-38 頁。

―――, 2003, *Stato di eccezione*, Torino: Bollati Boringhieri.=2007, 上村忠男・中村勝己訳『例外状態』未來社。

―――, 2006, *Che cos'è un dispositivo ?*, Milano : Nottetempo.=2006, 高桑和巳訳「装置とは何か？」『現代思想』2006 年 6 月号, 青土社, 84-96 頁。

―――, 2013, "For a theory of destituent power"（http://www.chronosmag.eu/index.php/g-agmben-for-a-theory-of-destituent-power.html, 2019, 2, 20）.（「脱構成的権力の一理論のために」）

―――, 2015a, *Stasis: La guerra civile come paradigma politico: Homo sacer, II, 2*, Torino: Bollati Boringhieri. = 2016, 高桑和巳『スタシス 政治的パラダイムとしての内戦』青土社。

―――, 2015b, "De l'Etat de droit à l'Etat de sécurité", Le Monde | 23.12.2015 （https://www.lemonde.fr/idees/article/2015/12/23/de-l-etat-de-droit-a-l-etat-de-securite_4836816_3232.html?xtmc=agamben&xtcr=25, 2019.2.20）=2016, 西谷修訳「法治国家から安全国家へ」『世界』, 2016 年 3 月号, 岩波書店, 202-205 頁。

Colebrook, Claire, and Jason Maxwell, 2016, *Agamben : Key Contemporary Thinkers*, Cambridge : Polity Press.

Hobbes, Thomas,［1651］2012, *Leviathan. v.2*, ed. Noel Malcolm, Oxford : Clarendon Press.=［1964］2006（2）, 水田洋訳『リヴァイアサン（二）』岩波文庫。

―――,［1642］1983, *De Cive. The English Version*, ed. Howard Warrender, Oxford : Clarendon Press.=2008, 本田裕志訳『市民論』京都大学学術出版会。

McLoughlin, Daniel, 2016, "Introduction: Agamben and Radical Politics", in Daniel McLoughlin ed., *Agamben and Radical Politics*, Edinburgh Univ. Press, pp.1-14.

Murray, Alex and Whyte, Jessica eds., 2011, *The Agamben dictionary*, Edinburgh : Edinburgh University Press.

上村忠男, 2009,『現代イタリアの思想をよむ 増補新版 クリオの手鏡』平凡社ライブラリー。

―――, 2016,「訳者あとがき」, アガンベン『身体の使用 脱構成的可能態の理論のために』所載, みすず書房, 479-487 頁。

遠藤孝, 2018,「ジョルジョ・アガンベンの権力論」『湘南工科大学紀要』第 52 巻第 1 号, 湘南工科大学紀要委員会, 175-185 頁。

岡田温司, 2008,『イタリア現代思想への招待』, 講談社選書メチエ。

―――, 2011,『アガンベン読解』平凡社。

五野井郁夫, 2018,「戦争と難民の世紀からテロリズムの世紀へ―国際美術展における政治とセキュリティの表象」, 杉田敦編『デモクラシーとセキュリティ―グローバル化時代の政治を問い直す』法律文化社, 65-80 頁。

高桑和巳，2016a，『アガンベンの名を借りて』青弓社。
―――――，2016b,「翻訳者あとがき」，アガンベン『スタシス 政治的パラダイムとしての内戦』所載，青土社，127-146頁。

第 6 章
選挙の同期化による「コアビタシオン」回避と第五共和制
―― 半大統領制とデモクラシー ――

中 島 康 予

は じ め に

　フランス第五共和制が誕生して60年の節目の年となった2018年。燃料税増税への異議申し立てとして始まった「黄色いベスト運動（Mouvement des Gilets jaunes）」（街頭での運動は2018年11月17日に始まる）は大統領の辞任を求めるなど，これと対峙するマクロン政権は窮地に立たされている。2017年5月の大統領選挙で当選したエマニュエル・マクロンは，EU離脱を選択したイギリスの国民投票，アメリカ大統領選挙におけるトランプの当選に象徴される「ポピュリズム・ドミノ」を止めたと評価された。「グローバル・ポピュリズム」の広がりに危機感を抱いていた人びとは安堵の胸をなでおろすとともに，若き大統領の改革手腕に期待を寄せた。野中尚人は，「大統領が主導権を握りやすくなったのをうまく利用しながら，改革を進めようとしているところ」だが，政策遂行の成否は全く予断を許さないと記している（野中2018：75, 93）。大統領が主導権を握りやすくなったのはなぜなのか。それは，2000年の憲法改正で大統領任期が7年から5年に短縮され，大統領選挙を先に行い，その直後に議員選挙を執行することにしたため，「コアビタシオン」，いわゆる保革共存政権が「非常に起こりにくく」なったからである（野中2018：75）。

1962年の国民投票を経て第五共和国憲法は改正され，大統領は国民の直接選挙によって選任され，至高の正統性を獲得することが可能になった。デュヴェルジェによる「半大統領制（régime semi-présidentiel）」の定義にもあるように，大統領は固有の権限を行使し，これによって大臣の同意を得ることなく活動することができる。あらゆる政治体制の実験室と揶揄されることもあるフランスは，強力で安定した政府を生みだすことをめざすという実験に「成功」したといえるだろう。60年にわたる実験の途上で，1986年の国民議会議員選挙でミッテラン大統領の与党（連合）が敗北し，コアビタオンが誕生した。1986年から88年のミッテラン大統領（社会党）とシラク首相（保守派・ゴーリスト），1993年から95年までのミッテラン大統領とバラデュール首相（保守派・ゴーリスト），1997年から2002年までのシラク大統領とジョスパン首相（社会党・多元的左翼）の組み合わせによるコアビタシオンである。

　コアビタシオンを生みだす制度的要因として認識されたのが，大統領任期（7年）と国民議会（下院）議員任期（5年）のズレ，大統領選挙と国民議会議員選挙の選挙サイクル，二つの選挙のタイミングである。純粋な大統領制を採用しているアメリカ合衆国とは異なり，フランス共和国大統領は，国民議会を解散する権限を有しており（憲法第12条），この権限を総選挙後1年以内には行使できず，行使に先立って首相と両院議長に諮問しなければならないものの，選挙サイクルを大統領がコントロールすることが可能である。たとえば現に，シラク大統領は1997年，国民議会を解散するという挙に出た。この賭けに失敗し国民議会で多数を占めた社会党を含む多元的左翼（gauche plurielle）のジョスパン首相とのコアビタシオンを甘受する以外になくなった。確かに，このようなアクターの戦略選択が選挙サイクルを攪乱することは事実である。ただ，アクターの戦略という位相だけにフォーカスするのではなく，制度がアクターの選択を規定する側面，制度と戦略との相互作用に着目するならば，7年の大統領任期中に5年任期の国民議会議員選挙が挿入されるという制度のもとで——地方選挙（地域圏・県・市町村）や欧州議会議員選挙など，多層的な選挙に目配りすれば，さらに選挙サイクルは細かく刻まれることになる——，それぞ

れのタイミングにおける有権者の選択によっては，執政府の 2 人のリーダーを支える政党／政党連合の党派が異なる分割政府，いわゆる「保革」，右派と左派の「共存」政権が誕生するという分析が成立する。この分析を 1 つの根拠として，大統領任期を 7 年から 5 年に短縮し，国民議会議員の任期と揃える憲法改正案が 2000 年 9 月 24 日に実施された国民投票によって承認された。このように任期を一致させるとともに，大統領選挙が国民議会議員選挙に先行するという順序で同時期に選挙を実施するならば，ジスカール・デスタン元大統領が主張していたように，第五共和制の諸原理（principes）を不安定にし，第五共和制についてのゴーリストの着想に反するようなコアビタシオンの「リスク」を減じ，主権者である有権者と大統領が大統領選挙において交わした契約条件を遵守させることができると考えられたのである（Giscard d'Estaing 2000a, 2000b, 2000c）。この憲法改正案の策定と国民投票がシラク大統領とジョスパン首相のコアビタシオンのもとで成就したという事実は，アイロニーを含んでいる。

　半大統領制のもとでの分割政府回避をめざした選挙の同期化と，大統領選挙を国民議会議員選挙に先行させるという「慣習」（吉田 2009：253）の制度化，「選挙のノーマルな順序の再確立」（Giscard d'Estaing 2000c）が図られた。第五共和制の「理念」への回帰，第五共和制の原状回復がめざされたと解することができる。ところが，この憲法改正以降，2002 年の大統領選挙でシラクが辛くも再選されたあと，2007 年にはサルコジ，2012 年選挙ではオランド，2017 年にはマクロンが，それぞれ大統領に選任された。2007 年以降，現職大統領は再選されず，オランドに至っては現職大統領であるにもかかわらず，2017 年大統領選挙への立候補を断念せざるを得なかった。2000 年の憲法改正に先立ち，ジスカール・デスタンは大統領の三選禁止を改革に盛り込むべきであると主張しており（Giscard d'Estaing 2000a），2008 年の憲法改正で，大統領の連続任期の上限を 2 期までと定めたものの，現段階では大統領の再選は杞憂に終わっている。他方，憲法改正前，コアビタシオンを終わらせることになった 3 回の大統領選挙において，現職首相であった，シラク（1988 年），バラデュー

ル（1995年），ジョスパン（2002年）の3人はいずれも大統領への野心を挫かれたという事実に着目する必要があるだろう。この3回の選挙では，コアビタシオンを甘受した現職大統領であるミッテラン（1988年）とシラク（2002年）の再選，3度目の「挑戦者」――大統領選挙に際して「現職」首相ではなかった――シラク（1995年）の当選という結果がもたらされたのである。

吉田徹は「コアビタシオンは決して例外的な政治状況などではなく，第五共和制においてむしろ政治的安定の一要素となっていた」と主張する（吉田 2009：255）。であるとするならば，コアビタシオンの出現抑制，大統領権限強化をめざした制度改革・変更は，強大な権限を有する大統領が長期政権のもとで執政にあたるという意味での「政治的安定」メカニズムを弱めることになった，いわば第五共和制にビルトインされていたスタビライザーを解除することになったという仮説がなりたつ。本章は，本仮説を試論的に示した上で，この制度変化が，「大統領制化」をフランスにおいて促進する制度的条件を用意したと主張したい。大統領制任期の短縮と選挙サイクルの固定化は，責任帰属の対象を明確にした。本人（プリンシパル）に対する代理人（エージェント）の応答・答責の明確化が果たされたのであり，民主的統制が機能しやすくなり，デモクラシーの前進に寄与したという評価が可能である。しかし，この制度の特性を十分に理解しないまま「上からの改革」を断行するならば，冒頭で触れた「黄色いベスト運動」を契機として可視化されたように，「暴力」縮減の失敗という帰結をもたらすことになる。2017年の大統領選挙の敗北後，勢力減退と混乱に苦しんでいたマリーヌ・ル＝ペン率いる「国民連合（Rassemblement national）」（2018年6月1日設立（元「国民戦線 Front national」））は息を吹き返している。半大統領制の「大統領制化」が，「ポピュリスト」政治家と政党の台頭の条件になっていることも軽視できない。「大統領制化」と「ポピュリズム」との関係性を問う必要が生じる所以である。

そこで，以下，「1. 半大統領制の多様性とコアビタシオン」では，多様な半大統領制を大統領による首相の解任権の有無によって2つのタイプに分類する。このちがいは半大統領制を構成するアクター間の制度上の関係性を異なる

ものにする。罷免権が認められず，内閣（首相）が議会の信任に依拠しており，本人（プリンシパル）たる議会に対して代理人（エージェント）たる首相・内閣が説明責任を負うフランスの半大統領制のもとでは，大統領が，議会の多数派を構成する政党ないし政党連合の支持を得られる候補を選任する，すわなちコアビタシオンを選択することが合理的であることを明らかにする。続く「2. コアビタシオンにおける責任帰属」において，コアビタシオン期の責任帰属が現職首相ないし首相・内閣を支持する政党・政党連合に向かう傾向にあり，現職大統領は責任帰属の対象になりにくいという示唆を得る。最後の「3. 選挙の同期化とデモクラシー」で，大統領選挙と国民議会議員選挙の同期化，前者が後者に先行する選挙日程の制度化が，責任帰属の明確性を高めるとともに，フランスの半大統領制の「大統領制化」を進めたことを確認する。このような変化を，暴力（象徴的暴力を含む）の縮減や増幅を左右するデモクラシーの両義性，「ポピュリズム」と関連づけて考察することの意義に言及する。

1. 半大統領制の多様性とコアビタシオン

　周知のように，「半大統領制（régime semi-présidentiel）」概念を提示したのはデュヴェルジェである。本章では，半大統領制を大統領制・議院内閣制とならぶ，執政制度の1類型と位置付ける。たとえば，レイプハルトは本章が扱うフランス第五共和制について，1986年から88年の時期を除く第五共和制を純粋大統領制，1986年から88年のコアビタシオン下のフランスを純粋議院内閣制と分類している（レイプハルト 2003：143）。しかし，本稿はこの2類型論を採用しない。執政部・執政長官と議会の間の執政制度上の関係が，純粋大統領制と半大統領制とでは異なっており，コアビタシオンも半大統領制概念のもとで適切に捉えられると考えるからである。なお，「執政制度」とは「民主主義の政治体制において行政部の活動を統括するトップリーダー，すなわち執政長官をどのように選出し，立法部門である議会や国民とどのような関係の下に置くのかについての諸ルールを指す」（建林ほか 2008：104）という定義を採用する。

デュヴェルジェによれば，半大統領制とは，第一に，大統領は普通選挙によって選出される，第二に，大統領は固有の権限を行使し，これによって大臣の同意を得ることなく活動することができる，第三に，大統領と対峙する形で内閣総理大臣とその他の大臣が存在し，内閣総理大臣と他の大臣は，その辞任を強制することができる下院に対して責任を負う，そのような政治体制である（デュヴェルジェ 1993 = 1995（1998）：163-164）。また，フランス語圏以外で，広く共有されている定義は，第一に，大統領は直接選挙で選ばれ，第二に，相当の権力（considerable powers）を有し，第三に，議会の信任に依拠する首相と内閣が存在し，首相と内閣も執政権を行使する（Duverger 1980：161）というものである[1]。

　いずれの定義であれ，半大統領制概念を構成する第二の要素である固有の権限と，相当の権力がいったい何をさすのか，必ずしも明確ではない。デュヴェルジェが半大統領制に分類される政治体制（ないし国）として，当初から考察の対象にしてきたのは，アイスランド，アイルランド，オーストリア，ワイマール憲法下のドイツ，フィンランド，ポルトガル，そしてフランスの7カ国であった。しかしながら，社会主義体制から移行した中東欧・旧ソ連，アフリカやアジア，ラテンアメリカにおいて半大統領制を採用する国の数は増加しており，きわめて多様な様相を示している。シュガートは，この多様な半大統領制を，執政制度を規定するルールブック上，大統領権限として何が認められているか，具体的には，首相の指名，首相の罷免，組閣の自律性，内閣不信任投票への制約，議会解散，議会に対する対抗的解散，大統領拒否権（再議決要件）に基づいて整理している。なかでも，半大統領制を大まかに2つに分類するメルクマールとして着目するのが，首相の罷免権である。図6-1は，半大統領制を，大統領による首相の罷免権の有無に基づいて2つのタイプに類型化し，アクター間の関係にどのような特徴がみられるかを示したものである。図の実線は階統制的な関係を表しており，矢印は本人（プリンシパル）による代理人（エージェント）の選任を示している。点線は，実線と同様，階統制的な関係を示し，点線の矢印は罷免（解任）可能性のある本人（プリンシパル）に対する代

理人（エージェント）の説明責任を，破線は相互関係をそれぞれ示している。罷免権がないため内閣は議会にだけ説明責任（accountability）を有するタイプ（図の左側）の一元的応責型と，罷免権があるので内閣が大統領と議会に対して説明責任を負うタイプの二元的応責型を区別しているわけである（Shugart 2005：333）。このように，罷免権の有無によって，半大統領制を構成するアクター間の制度上の関係性が異なり，アクターの選択を左右することになる。

図6-1　半大統領制の2つのタイプにおけるアクター間の相互関係

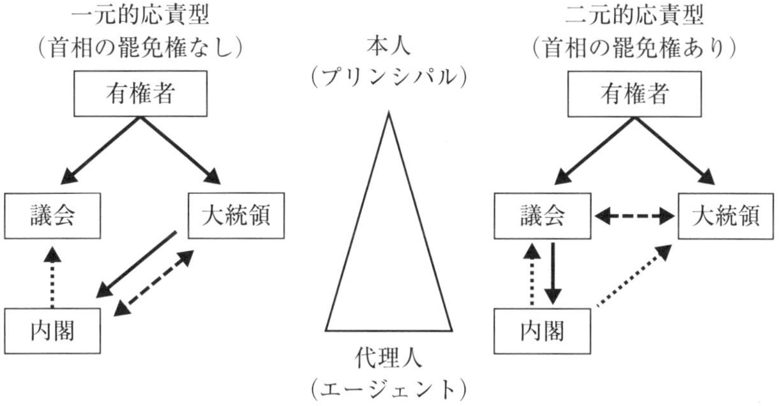

出所：Shugart, 2005：332.をもとに加筆・修正の上，筆者作成

本章の課題に引き寄せると，コアビタシオンを大統領が選択するか否かを規定する制度上の要因は，こうした執政制度の設計に求められることになる。罷免権が認められず，内閣（首相）が議会の信任に依拠しており，本人（プリンシパル）たる議会に対して代理人（エージェント）たる首相・内閣が説明責任を負うフランスのような半大統領制のもとでは，大統領は，議会の多数派を構成する政党ないし政党連合の支持を得られる候補を選任するのが合理的な選択といえる。一元的応責型の半大統領制の特徴は，政府（内閣）の政治的性質（political complexion），党派性が議会と常に整合的であるという点に求められ，政府の

党派性が大統領と整合的であるかを問わないところにある（Shugart 2005：342）。

2．コアビタシオンにおける責任帰属

　大統領がコアビタシオンという選択をするのは，本人（プリンシパル）たる議会と代理人（エージェント）たる首相・内閣との間に存在する，執政制度上の関係のなかで，その選択が合理的であるから，ということについては上に述べたとおりである。では，なぜ，有権者は国民議会議員選挙において，大統領と対立する政党／政党連合を勝利させるのだろうか。また，2000年の憲法改正前，3回のコアビタシオンを終わらせることになった大統領選挙において，なぜ現職首相は敗北を喫したのだろうか。図6-1の実線は，既に説明したように，本人（プリンシパル）と代理人（エージェント）の階統制的関係を示しているが，この関係の上段部分，すなわち，本人（プリンシパル）たる有権者と代理人（エージェント）たる候補者ないし政党・党派との関係について，主として，コアビタシオンのもとでの責任帰属という観点から若干の整理と検討を本節では行いたい。
　有権者は，候補者ないし政党・政党連合の過去の業績（retrospective voting）と将来予測（prospective voting）に基づき一票を投じると仮定しよう。
　過去の業績に基づく業績評価投票の基本的モデルについて，飯田敬輔は次のように整理している（飯田 2013：131）。まず，候補者と有権者との間に本人‐代理人（プリンシパル‐エージェント）関係が成立していることがモデルの前提である。その上で，本人である有権者は候補者を当選させ政権運営を任せる。ところが，代理人である候補者の利害は，本人たる有権者の利害とは必ずしも一致しておらず，当選者は政権運営のための努力を怠るかもしれない。なぜなら，努力にはコストがかかる一方，こうした努力を有権者は完全に監視することができないからである。そこで，このような代理人の懈怠を防ぐため，有権者は選挙の際に，現職の政治家（あるいは政党）の任期中の業績をもとに，代

理人の努力の水準を推理し，業績がある程度の水準に達していれば，一定の努力をしたものと認めて現職を再選させ，そうでなければ現職を落選させ，現職に対抗・対立する候補者に投票するのである。

　この基本的モデルに依拠し，半大統領制のもとでの投票行動を分析する場合，クリアしなければならない項目がいくつか挙げられる。第1に，代理人たる現職候補者とは誰（個人・政党等）のことか。そもそも半大統領制では，政権の業績，経済パフォーマンスに責任を負うアクターは何なのか，責任帰属の対象が必ずしも明確ではない。とりわけ，大統領を支持する政党・政党連合と，議会で多数を占め首相を支持する政党・政党連合とが異なる場合，すなわちコアビタシオンのもとで責任帰属の対象を特定するのは簡単なことではないと考えられる[2]。さらに，第2に，代理人たる現職候補者の業績や努力に有権者が報いたときは報酬を与え，また懈怠したと認定して懲罰を課すとして，それは，どの選挙においてなされるのだろうか。たとえばフランスの場合，国政レベルの選挙に限定したとして，それは，大統領選挙なのか，国民議会（下院）議員選挙においてなのか，第1回目投票それとも第2回目（決戦）投票なのか。第3に，業績・努力を測る評価基準は何か——左派と右派では異なる基準が用いられるのではないか——，業績評価投票の指標として客観的なマクロ経済指標を独立変数として分析されることがあるが，そもそも，客観的なマクロ経済状態は，それに対する有権者の主観的評価を通して，間接的にしか投票行動に影響を与えない（Sanders 1996：207）。であるとするならば，経済状態に関する有権者の主観的評価を用いて分析することが要請されることになる。

　これらの項目を網羅的にカバーした研究ではないが，いくつかの先行研究を参照してみよう。

　ヘルウィグとサムエルズは，1995年から2002年までの間に執行された，民主主義体制下の75カ国における442回の選挙を比較分析した（Hellwig and Samuels 2007）。その結果，権力分立ないし分有という特徴をもつ大統領制・半大統領制，権力が融合する議院内閣制とで，つまり執政制度のちがいが業績評価投票・経済投票を規定するか否か，比較検討を行い，以下のような結論を導

き出している。第 1 に，議院内閣制よりも大統領制・半大統領制を採用する国家で経済投票が強く認められる。第 2 に，大統領制・半大統領制の国家では，議会選挙よりも大統領選挙において経済投票が認められる。第 3 に，大統領制の国家では，選挙サイクルがポイントで，大統領選挙と議会選挙が別々に行われる場合よりも同日に行われる場合の方が経済投票の度合いが強い[3]。第 4 に，半大統領制においては，大統領と首相が同じ政党・勢力に所属する統一政府の下では大統領選挙で経済投票が強く見られるが，コアビタシオン下では議会選挙において経済投票が強く認められる。半大統領制のもとでは責任帰属の明確性や選挙サイクル（大統領選挙と議会選挙が同一日に実施されるか否か）ではなく，むしろコアビタシオンないし分割政府であるか否かの方が説明能力は高い (Hellwig and Samuels 2007：71)。なぜ責任帰属の明確性の低いコアビタシオン下においてのみ，現職首相を支持する政党に対して投票者が懲罰を課したり報酬を与えたりするのかについてはさらなる研究が必要であると小括している (Hellwig and Samuels 2007：81) [4]。

　有為なサーベイデータの利用可能性という点で制約があるものの，1995 年のフランス大統領選挙を対象に，業績評価と将来予測に基づいて選挙結果を規定した要因について論証を試みている研究を次に見てみよう。ルイス＝ベック (Lewis-Beck 1997) が研究対象として取り上げた 1995 年の大統領選挙は，ミッテラン大統領のもとで 2 度目となったコアビタシオンを経て迎えた選挙である。この選挙では，現職大統領であるミッテランは引退し，いずれも新顔候補が出馬したという特徴をもつ。そこで，この選挙における「現職」候補者とは，大統領については，ミッテラン与党の社会党の候補者，首相についてはバラデュール与党のゴーリスト政党を指すとみなす[5]。その上で，調査対象者の左右のイデオロギー的位置，イデオロギー的愛着を統制すると，首相への支持に対する経済状況の影響は重要であるが，大統領の好評価に統計上有意な影響はない (Lewis-Beck 1997：320)。つまり，1993 年から 1995 年までのコアビタシオンにおいてフランスの有権者は経済状況に関する賞罰を首相に対して与えたが，大統領についてはそうではない。経済について責任のある執政長官は首

相であって大統領ではないと有権者は認識していた（Lewis-Beck 1997：321）。1995年大統領選挙では社会党の大統領ではなく，ゴーリスト政党の首相を経済状態の評価対象にした。裏返して言えば，有権者は社会党を「現職」と考えないので，経済に関する負債（liabilities）すなわち懲罰であれ，資産（assets）すなわち報酬であれ，社会党候補には直接向けられなかった（Lewis-Beck 1997：321）。

　1997年から2002年までの5年という長きにわたった3回目のコアビタシオンを主たる検証対象とし，大統領選挙に先立つコアビタシオンの時期を大統領選挙の先行選考と位置づけるパロディは，先行選考が，ジョスパンと社会党にとって結果として裏目に出たと言う。図6-2の世論調査の推移が示すように，ジョスパン首相の人気は5年間を通して高水準を保っていた。1999年をピークに下降したとしてもである。一方，シラク大統領への支持の推移はジョスパンとジョスパンを支持する多元的左翼にとって皮肉なものであった。大統領就任後，人気が下降していた大統領は，議会を解散するという賭けに打って出たものの敗北した。ところが，選挙後の人気は上昇に転じ，2002年の選挙に先立つ数年についてはジョスパン首相の人気を上回る水準を保っている（図6-3）。この傾向は，ミッテラン大統領のもとでの2回のコアビタオンにおいても観察できる。国民議会議員選挙での敗北という選挙結果を尊重してコアビタシオンを選ばざるを得なかった大統領の方は，人気を回復してゆくのである（図6-4）。

　さて，ここまで概観した先行研究から，どのような示唆が得られるだろうか。最初に概観したヘルウィグとサムエルズの研究は，一元的応責型か二元的応責型を問わず，すべての半大統領制を対象にしているとはいえ，コアビタシオン下の議会選挙で経済投票が強く認められると主張する。ただし，なぜ責任帰属の明確性の低いコアビタシオン下においてのみ，現職首相を支持する政党に対して投票者が懲罰を課したり報酬を与えたりするのかについてはさらなる研究が必要であるとの留保を付している。業績評価に将来予測という要因を加えて選挙結果を分析したルイス＝ベックは，首相への支持に対する経済状況の

図 6-2　首相としてのジョスパンの人気（IFOP による調査で「満足」と回答した者の割合（％）（年平均の数値））の推移

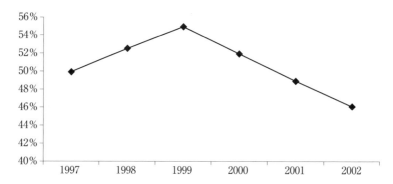

出所：Parodi 2002：499

図 6-3　共和国大統領（1995 年〜 2002 年）としてのシラク人気の推移（(IFOP による調査で「満足」と回答した者の割合（％）（年平均の数値））の推移

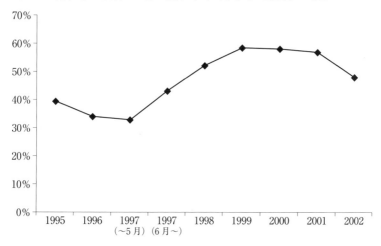

出所：Parodi 2002：498

図6-4 国民議会議員選挙敗北前後のミッテラン大統領（1986年，1993年），シラク大統領（1997年）の人気（IFOPによる調査で「満足」と回答した者の割合（％）（年平均の数値））の推移

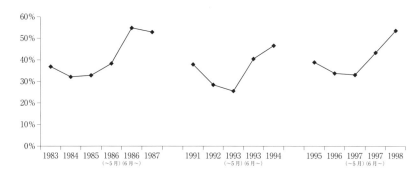

出所：Parodi 2002：499

影響は重要であるのに対して，大統領の評価について統計上有意な影響はないとする。他方，コアビタオンを選択した大統領への満足度が回復する点については，「半大統領制」概念を構築したデュヴェルジェも認めるところである。以上の知見と，コアビタシオンを終わらせることになった3回の大統領選挙結果，すなわち，現職大統領であるミッテラン（1988年）とシラク（2002年）は再選を果たし，現職首相であった，シラク（1988年），バラデュール（1995年），ジョスパン（2002年）の3人はいずれも大統領選挙を勝ち抜けなかったという事実を突き合わせてみる。1995年選挙は，現職が立候補しなかった特異な選挙であるので若干の留保が必要であるものの，コアビタシオン期の責任帰属が現職首相ないし政党・政党連合に向かう傾向にあり，現職大統領は責任帰属の対象になりにくいという示唆が得られる。政党政治から超然とした大統領としてのふるまいが人気回復に寄与したことも確かである。老練・老獪な大統領の政治的手腕，選挙政治のアクターの戦略や世論・政治意識の変遷など，短期的・偶発的な要因に着目し，ミクロな検証を行うことが有効であることは言うまでもないが，ドゴールが体現したような，第五共和国大統領としての適切な

ふるまいを経路依存的に選択した結果，有権者の好評価を得たと解することもできる。歴史的ないし社会学的制度論からはこのような解釈も可能になるのである。

3．選挙の同期化とデモクラシー

2000年，大統領選挙と下院選挙の同期化，そして，大統領選挙を国民議会議員選挙に先行させるというノーマルな選挙日程にもどすことが実現した。その結果，コアビタシオン下での首相という防壁を失った現職大統領は，責任帰属の明確な直接的ターゲットとなるだろう。「デカルトの国」(Giscard d'Estaing 2000c) フランスにおいて，主権者たる人民・有権者と国家元首との契約条件について，その曖昧な解釈を許容することのないようにするという目的が達成される。

サルトーリは，半大統領制と大統領制を比較し，「純粋な大統領制は膠着状態に陥りやすい構造であるが，半大統領制は膠着回避機構をもっている」として，大統領制における分割政府よりも半大統領制のコアビタシオンという分割政府を肯定的に評価している（サルトーリ 2000：138）。また，デュヴェルジェはコアビタシオンのもとでの大統領と首相の実践／運用 (pratique) を，ミクロな個人レベルの戦略，議会多数派の強度，議会多数派と首相との関係，議会多数派と大統領との関係といった要素に着目して考察している。その上で，「3回のコアビタシオンによって半大統領制の新たな形態が生みだされた。この形態は，政府を効率的 (efficace) で安定的なものにして，均衡する2つの権力に分割されている (une séparation des pouvoirs équilibrée)」とする (Duverger 2012：120-121)。このような読解をすれば，大統領任期の短縮と選挙の同期化，大統領選挙が国民議会議員選挙に先行するという選挙日程の「正常化」によって，第五共和制にビルトインされていたスタビライザー，安定装置，サルトーリの言葉を借りれば膠着回避機構が除去されたという評価がなりたつ。

この評価は，コアビタシオンを，第五共和制の諸原理 (principes) を不安定

にし，第五共和制についてのゴーリストの着想に反すると考えるジスカール・デスタンのそれと対立する。もう少し丁寧な注釈を加えるならば，政治体制の実態・運用／実践レベルと理念・アイディアのレベル，いずれにフォーカスするかによって評価が分かれており，両者の立場が正面から対立しているわけではない。ただし，いずれの立場をとろうとも，この制度の特性や趣旨を十分に理解しないまま「上からの改革」を断行するならば，「黄色いベスト運動」を契機として可視化されたように，「暴力」縮減の失敗という事態を招くことになることを否定するのは難しい。

　言説的制度論を提唱するヴィヴィアン・シュミットは，各国の政治制度と，アクター間の言説との関係に着目している。シュミットは「言説（discourse）」を，第1に，公的生活にかんするひとまとまりの政策アイディア，第2に，アクター間の相互作用，公共政策構築（construction）とコミュニケーションの相互作用の過程の，双方を含むものとして定義する（Schmidt 2001：247, 2002：chap. 5, 2003：127, 134）。前者の「アイディアとしての言説は，特定の政策プログラムの論理や必要性にかんする認知的議論と，その適切性にかんする規範的議論の双方を提供する」。後者の，相互作用としての言説は，政策プログラムを構築するにあたって鍵を握っている政策アクター間の調整的言説と，そのようなプログラムについて情報を提供し，説得し，討論するために政治的アクターと公衆（the public）とのあいだでかわされるコミュニケーション的言説の双方にかかわる。さらに「制度的文脈が，言説を枠づけ，調整的言説とコミュニケーション的言説の双方あるいはどちらか一方に影響を与える」とされる（Schmidt 2003：134）。小選挙区制，国家中心的政策決定過程，単一国家という制度を有するがゆえに，執政部・行政部に権力や権威が集中している，イギリスやフランスといった国々では，調整的言説の比重が小さく，コミュニケーション的言説のそれが大きくなる。それに対して，比例代表制，コーポラティズム的政策決定過程，連邦制という制度ゆえに，権力・権威が分散しているドイツや，ベルギー・デンマーク・オーストリア・オランダといった小国，さらにEU（欧州連合）においては調整的言説とコミュニケーション的言説の比重

が逆転する傾向がある。このような基本的枠組みを提示し，シュミットが比較対象とした事例が，コアビタシオン下で権力の集中性が低下した時期に民間企業の年金制度「改革」に「成功」したバラデュール首相と，シラク大統領の就任初年，権力が集中していたにもかかわらず公務員の年金制度改革に「失敗」したジュペ首相である。権力の集中性が，根本的な政策変更の成功のために重要であるが，必要条件ではないとされる。改革の成否を握るのは，制度の特性を前提にした調整的言説とコミュニケーション的言説のくみあわせなのである。この研究から引き出すべき教訓とは，コアビタシオン出現を抑制した制度のもとでは公衆対象のコミュニケーション的言説の比重が高くなるであろうということである。マクロンの「失敗」はこの教訓に学んでいないことが一因であるといってよい。近時，議論の俎上にのぼっている「大統領制化」の進行によってリーダーと公衆とのコミュニケーション的言説の比重が高まっているとするならば，制度と言説の関係性に自覚的であるか否かは「暴力」縮減の可否を左右することにもなる。

　ポグントケとウェブによれば，「大統領制化」とは，執政府と政党，それぞれの内部で執政長官，党首ないし政党指導者の権力資源とリーダーシップの自律性が進行すること，選挙過程が個人化され，リーダーシップが重視されるようになることを意味する（ポグントケ，ウェブ 2014）。大統領制化を示す経験的データとして，執政府内部については，執政府内でのリーダーの権力強化，自党に対する自律性の増大，政党内部についてはリーダーの党内での権力強化，党内有力者に対するリーダーの自律性の増大，選挙については，リーダーに着目した報道の増大，リーダー中心の選挙戦略の増大，投票行動に対するリーダーの影響の増大をそれぞれピックアップし，14カ国の比較検討を行っている。二人が重視するのは，偶発的・短期的な大統領制化ではなく，構造的な大統領制化（structural presidentialization）である（ポグントケ，ウェブ 2014：483）。フランスについては，第五共和制では大統領制化の傾向が強く，小さな変化がみられると要約している。二人が編んだ大統領制化の比較研究書に寄稿しているベン・クリフトによれば，大統領任期の短縮と大統領選挙に優位性を与える

選挙日程の変更は「1986 年以後ある程度行われてきた国家諸組織に対する大統領優位の復活に向けた試み」である（クリフト 2014：345）。「『当たり前になった』コアビタオン下である程度解体された政治および選挙の大統領制化の側面を綿密に調整することになる」とクリフトは述べている（クリフト 2014：345-346）。

　本人（プリンシパル）たる有権者と代理人（エージェント）たる候補者との関係を少しく扱ってきた行論と関連づけながら，以下では，政党や選挙にかかわる大統領制化について考察を進めたい。2 では過去の業績評価と将来予測に基づき有権者が投票するというモデルを参照したが，このモデルに基づいて分析が可能なのは，ある程度信頼できると思われる対抗候補や野党が存在している場合である。「対立する政党間の政策距離は顧慮されず，投票者の大多数が政府がなすべき政策やサービスについて合意している一方，その合意された政策目標を達成する最善の政党がいずれかについての合意が存在しない状態」を想定している。「有権者は合意争点における野党の政策実現能力（performance capabilities）を推定し，それを現状と比較したうえで投票先を選ぶ」合意政治モデル（valence model）に依拠した分析である（山田 2010：7-8）。もう少しマクロなコンテクストのなかで敷衍すると，「冷戦構造の崩壊に伴い，イデオロギー的な対立軸がなくな」り，「経済のグローバル化や EU 統合に象徴される国民国家の枠を越えた統合化の動きによって，一国の政府が採りうる政策選択の幅が著しく狭められつつある。むしろ大半の争点が合意争点化し，選挙はどちらの政党が政策をうまく実行するかという，業績評価をめぐるものへと変わりつつある」（阪野 1999：120）。そして，「このモデルにおいては，現状に不満でかつそれを改善する期待が野党に持てない場合，有権者は棄権するものと想定される」（山田 2010：8）。

　合意政治モデルを前提に，リーダー個人の経済運営能力・手腕などについての評価がマスメディアを通してなされるという風に大統領制化の進行を説明してみることはできるだろう。しかし，今日，現れているのは，「投票者の大多数が政府がなすべき政策やサービスについて」の「合意」が成立していないと

いう事実ではないだろうか。単純化をおそれずにいえば，合意そのものへの抗議が「ポピュリズム」であり，棄権や白票・無効票の増加で示されているということができる（表6-1）[6]。確かに，「ポピュリズム」概念については，それを否定的・肯定的・両義的いずれの意味合いで用いるかでその定義が異なり，とくに否定的な理解が広く流布しているため学術用語として扱うのが難しい。しかしながら，デモクラシーが人民主権を基礎にしている限りにおいてポピュリズムとデモクラシーは親和性を有しており，ポピュリズムを考えることは，「デモクラシーについて考えることにほかならない」（吉田2011：103）。理念としてのデモクラシー，制度としてのデモクラシー，その両面から「ポピュリズム」と名指しされる政治を考えることの意義を否定することはできない。

ともあれ，このような合意への抗議がなされるのはなぜなのか。既に紙幅が尽きているので詳しい検討はできないが，政党・政党システムの変容という観点に絞ると，およそ以下のように言えるだろう。第五共和制のもとで，左右・保革の二極四党体制が成立したが，ミッテラン政権への共産党の参加と離脱，

表6-1　大統領選挙の棄権・白票・無効の推移（フランス内務省の確定値による）

投票回	選挙年		2017年	2012年	2007年	2002年
	2回目	棄権率	25.44	19.65	16.3	20.29
		白票率	1.93	4.68	4.26	5.39
		無効票率	2.24			
	1回目	棄権率	22.23	20.52	16.23	28.4
		白票率	1.93	1.52	1.44	3.38
		無効票率	0.61			

棄権率は登録有権者数に占める棄権者数の割合（％）
白票率・無効投票率は投票総数に占める割合（％）
2012年選挙までは白票と無効票を区別しておらず両者の合計数

ミッテラン政権による改革の「休止」,「冷戦」の終焉などによって, 1980 年代以降, 共産党が衰退し, 極右の国民戦線 (FN) が台頭する。その後, グローバル化やヨーロッパ統合が進み, 二極体制, コアビタシオンの中心的担い手であった既成政党の基盤はゆらいでいく。2017 年大統領選挙で社会党は, マクロンとメランションに見切りをつけられ, 大統領選の圏外に沈んだ。アンリ・レイと吉田徹は「フランス政党全般に及んでいる『大統領制化』の圧力」の存在を指摘しているが (レイ, 吉田 2015：138), マクロンが大統領への歩みを進めるために必要とした「共和国前進！（当初は「前進！」）」は, まさに大統領制化の進む「政党」の姿を端的に示してはいるものの, あるいは, そうであるがゆえに, その持続可能性については見極めがつかない。政党という媒介環を失った有権者の投票行動は流動的になり, リーダーと公衆との直接的なコミュニケーション的言説の比重が高くなる。このコミュニケーション的言説のなかに,「黄色いベスト」運動が可視化した様々な暴力——治安部隊による組織的暴力や, 生存のインフラを脅かす構造的暴力を含む——の場所を見いださなければならないことも付け加えておこう。

おわりに

ジスカール・デスタンは, 2000 年の憲法改正による選挙の同期化, 大統領選が議会選に先行する選挙日程の制度化が, 第五共和制の理念に合致するとともに, 制度の「現代化 (modernisation)」に資する, 今日の時代の要請に応える改革であると, その意義を強調していた (Giscard d'Estaing 2000a, 2000c)。しかし, 瞥見したような大統領制化の進行, 既存の政党システムおよび既成政党の機能不全・溶解,「ポピュリズム」がフランス政治に固着している実態からすると, 制度改革の意義を確認することで思考停止することに全く益はなく,「現代化」が何をひきおこしているのかを凝視する必要がある。

その際, 本章が試みたように, 比較政治制度論的なアプローチが一定の意義を有することを強調しておきたい。コアビタシオン期については特に, ミッテ

ラン，シラクという戦後フランス政治を生き抜いてきた老練・老獪な政治家個人の資質とそれに基づく選択・戦略のありよう，短期的・偶発的な要因に光を当てた豊かな叙述が積み重ねられている。このようなフランス現代政治過程分析，現代政治史研究の成果を補完・補強する方法として制度論的な視座をとることの意義は小さくない。サルトーリも述べているように，シラクとミッテランの「コアビタシオンが順調に運んだことを関係者の人柄にのみ帰することはできない。短気な指導者や決して譲らない頑固者がいかなる権力共有のメカニズムも崩壊させ得る一方，フランスの二元的な編成は機能できるために機能した」（サルトーリ 2000：138）からである。

繰り返し述べてきたように，制度の特性をふまえた言説的コミュニケーションが，暴力の縮減や増幅を規定する要因の一つになっている。「言説」は政策アイディアを含んでおり，本章では，全く立ち入らなかったが，そのアイディアが構造的暴力をうみ，抗議・異議申し立ての対象になることは言うまでもない。民主化後，半大統領制を採用する国が増加していることから，比較政治制度論的研究の成果はフランス一国の政治分析を超えた汎用性をもつ可能性をもっている。

    追記：本研究は，一般財団法人櫻田会・第36回（平成29年度）政治研究助成金による研究成果の一部である。

1) 建林らは，半大統領制を，「①国民の直接選挙で選ばれ固定任期を務める大統領が，②憲法上一定の行政権力を有するが，③同時に（大統領の指名に基づいて）議会の多数派によって選ばれ，その信任に依存する首相が存在し，行政権を分担掌握する執政制度」のことであると，より厳密に定義している（建林ほか 2008：106）。
2) パウエルによれば，政党の凝集性，委員会委員長のポストへの野党のコントロールの程度，第二院の構成が責任帰属の明確性を左右する（Powell 2000：50-58）。
3) サムエルズ（Samuels 2004）は大統領制国家での責任帰属の明確性が異なるメカニズムで作用することを明らかにしているが，ポイントは大統領選挙と議会選挙が同時に行われるかどうかにあるとする。選挙が同時に実施される場合は，経済状況を投票に際して考慮に入れる誘因がはたらき，どのような政治制度やコンテクストのもとでも，大統領は経済状態の責任対象として認識されていると結論

づけている。
4) ルイス゠ベックとナドゥによれば，経済投票が，統一政府（unified government）のもとでの大統領選挙で最も強くなる。逆に，コアビタシオンのもとで選挙が実施されると経済投票は弱くなるか，第二順位（second order）となる。さらに，第二回目投票では強くも弱くもならない（Lewis-Beck and Nadeau, 2000：171）。付言するまでもないだろうが，半大統領制のもとでの統一政府とは，大統領与党が議会の多数を占めており，大統領と首相が同一政党（連合）から選出される場合を指す。
5) ゴーリスト政党からは，現職首相であるバラデュールとシラクの二人が候補者となったが，なぜ現職首相であるバラデュールが敗北したのかについての説明が別途必要になるだろう。
6) 2002年選挙は，社会党のジョスパンが第1回目投票で敗退し，国民戦線のジャン-マリ・ル゠ペンが第2回目投票に残った「特異値」というとらえ方も可能であるし，この選挙と同様，国民戦線のマリーヌ・ルペンが第2回目投票に進んだ2017年選挙と比較することに意義があるかもしれない。

引 用 ・ 参 考 文 献

Duverger, Maurice, 1980, "A new Political System Model : Semi-presidential Government,"*European Journal of Political Research* 8.
――, 1993, *Les Constitutions de la France*, Presses universitaires de France（Que-sais je? no 162）13e édition. ＝デュヴェルジェ 1995（1998））（時本義昭訳）『フランス憲法史』みすず書房。
――, 2012, *Les Constitutions de la France*, Presses universitaires de France（Que-sais je? no. 162）15e édition.
Giscard d'Estaing, Valery, 2000a "Et maintenant, le quinquennat！", *Le Monde*, le 11 mai 2000.
――, 2000b, "Mission accomplie", *Le Monde*, le 4 juillet 2000.
――, 2000c, "Calendrier électoral : revenir à l'essentiel", *Le Monde*, le 19 décembre 2000.
Hellwig, Timothy and David Samuels, 2007, "Electoral Accountability and the Variety of Democratic Regimes." *British Journal of Political Science* 38（1）.
Huber, John D., 1996, *Rationalizing parliament : legislative institutions and party politics in France*, Cambridge：Cambridge University Press.
Lewis-Beck, Michael S., 1997, "Who's the Chef? Economic voting under a dual executive", *European Journal of Political Research* 31.
Lewis-Beck, Michael S., and Richard Nadeau, 2000, "French electoral institutions and the economic vote", *Electoral Studies* 19.
Parodi, Jean-Luc, 2002, "L'énigme de la cohabitation, ou les effets pervers d'une pré-sélection annoncé", *Revue française de science politique*, vol 52, n° 5-6,

485-504.

Powell, G. Bingham Jr, 2000, *Elections as Instruments of Representation : Majoritarian and Proportional Visions*, Yale University Presse.

Samuels, David, 2004, "Presidentialism and accountability for the economy in comparative perspective", *American Political Science Review* 98 (3).

Sanders, David, 1996, "Economic Performance, Management Competence and the Outcome of the Next General Election", *Political Studies*, 44.

Schmidt, Vivien A., 1997, "Discourse and (Dis) Integration in Europe : The Cases of France, Germany, and Great Britain", *Daedalus*, Summer, Vol.126, No.3.

———, 2000, "Values and Discourse in Adjustment", in Scharpf, Fritz W. & Vivien A. Schmidt, (eds) *Welfare and Work in the Open Economy, vol.I, From Vulnerability to Competitiveness*, Oxford University Press.

———, 2001, "The politics of economic adjustment in France and Britain : when does discourse matter?", *Journal of European Public Policy*, Vol.8, no. 2.

———, 2002, *The Futures of European Capitalism*, Oxford University Press.

———, 2003, "How, Where and When does discourse Matter in Small States' Welfare State Adjustement ?" *New Political Economy*, Vol.8, No.1.

———, 2007, "Trapped by their ideas : French élite's discourses of European integration and globalization", *Journal of European Public Policy*, Vol.14, no. 7.

Shugart, Matthew Søberg, 2005, "Semi-Presidential Systems: Dual Executive And Mixed Authority Patterns", *French Politics*, 3.

飯田敬輔　2013「グローバル化と民主的政治変動—業績評価投票モデルの拡張からのアプローチ」『国際政治』172号。

遠藤晶久　2009「業績評価と投票」山田真裕・飯田健（編著）2009『投票行動研究のフロンティア』おうふう，第7章。

大山礼子　2006『フランスの政治制度』東信堂。

——————　2013『フランスの政治制度〔改訂版〕』東信堂。

クリフト，ベン　2014「大統領制化された政治体における双頭的大統領制化—フランス第五共和制」ポグントケ，ウェブ　2014所収。

阪野智一　1999「1997年イギリス総選挙と業績投票」『選挙研究』14号。

サルトーリ2000（岡沢憲芙（監訳）工藤裕子（訳））『比較政治学—構造・動機・結果』早稲田大学出版部。

建林正彦・曽我謙悟・待鳥聡史　2008『比較政治制度論』有斐閣。

土倉莞爾　2011『拒絶の投票—21世紀フランス選挙政治の光景』関西大学出版部。

野中尚人　2018「マクロン大統領とフランスの行方」佐々木毅（編著）『民主政とポピュリズム—ヨーロッパ・アメリカ・日本の比較政治学』筑摩書房（筑摩選書）第4章。

ポグントケ，トーマス，ポール・ウェブ（編著）2014（岩崎正洋（監訳）『民主政治はなぜ『大統領制化』するのか―現代民主主義国家の比較研究』ミネルヴァ書房。
アンリ・レイ，吉田徹　2015「フランス二大政党の大統領制化」吉田徹（編著）『野党とは何か―組織改革と政権交代の比較政治』ミネルヴァ書房。
レイプハルト，アレン　2003「大統領制と多数代表型民主主義　理論的考察」リンス，バレンズエラ（編）『大統領制民主主義の失敗（理論編）―その比較研究』南窓社，所収。
山田真裕　2010「2009年総選挙における政権交代とスウィング・ヴォーティング」『選挙研究』26巻2号。
吉田徹　2009「フランスの分割政府―保革共存（コアビタシオン）の政治学的読解に向けて」『新世代法政策学研究』Vol.4。
―――　2011『ポピュリズムを考える―民主主義への再入門』NHKブックス。
渡邉啓貴　2015『現代フランス―『栄光の時代』の終焉，欧州への活路』岩波書店。

第 7 章
相模原市県立高校設置促進運動にみる一断面
　　——婦人学習グループと河津市政の連携——

沖 川 伸 夫

はじめに

　本章で対象とする神奈川県相模原市は，1958（昭和33）年8月，首都圏整備法による市街地開発区域第1号の指定を受けると，京浜地方の工場が相模原へ移転し，また市の南部を中心に団地の建設が相ついだ。工業化・都市化が進展するにつれ，人口も急増する。1966年に17万9,342人であった市の人口が，毎年約2万人を超える増加を示し，5年後の71年には30万4,710人を数え，さらに10年後の76年には39万908人に膨れ上がっていった。66年からの10年間で，約21万人も増え，倍増している[1]。

　人口が急増すると，上下水道をはじめ都市基盤の整備が遅れ，喫緊の課題となる。とりわけ，相模原市の場合，若い世代が転入し，子どもが急増したため，借金をしながら，小中学校の増設に追われた。例えば，1965年から75年の10年間で，市内の公立学校のうち，小学校が17校から34校に，中学校は8校から15校にほぼ倍増している。それでも，学校施設の整備が児童・生徒数の伸びに追いつかず，各校にプレハブの仮校舎が建設された。75年3月に刊行された相模原市の財政白書は，財政難の状況を「こども急増びんぼうはくしょ」というストレートな副題で表現し，当時，話題を呼んでいる[2]。

　子どもの急増は，小中学校の問題に止まらず，高校進学の問題にも影響が及

んでいく。1973年の時点で，相模原市内の県立高校は，普通高校が2校，職業高校が3校で，合計5校しか設置されていなかった。そのため，73年度の市内の中学卒業生3,468人のうち，約94パーセントに当たる3,255人が高校に進学したものの，高校進学者の全体のうち，相模原市・厚木市・大和市・座間市・津久井町の県央学区の公立高校へ入学できた者は，36.3パーセントに過ぎない。県内の公立高校に範囲を広げてみても，それでも49.4パーセントと半分弱を占める程度であった。結局，約半数の高校進学者は，県内の私立高校か県外の公私立高校に進むしか選択肢がなく，なかでも，県外の公私立の進学者は25.2パーセントと，4人に1人の割合に達している。しかも，6年後の1980年度には，高校進学者は73年度の2倍に当たる6,500人に膨れ上がると推定され，このままでは，地元の県立高校への進学は，ますます狭き門となる一方であった[3]。

こうした高校進学の問題は，進学希望の子どもたちにとって精神的な負担であり，親の悩みでもあった。それゆえ，1970年代前半から，子どもの将来を心配する母親たちが，公民館での学習活動を拠点とした婦人学習グループやPTAを基盤に，県立高校の増設を求める運動を展開していく。その後，河津勝相模原市長は婦人学習グループとタッグを組み，PTAや自治会・小中の校長会とも連携して，1974年6月，「相模原市県立高校設置市民のつどい」と署名運動を同時並行で実施した。最終的に，「市民のつどい」で採択された決議文と署名簿を，河津市長ら諸団体の代表が，津田文吾県知事に手渡している。

単独で交渉しても解決できない課題について，河津市長は「市民総ぐるみ」の運動を展開し，県に民意を訴える政治手法を採っていた。いまから45年前のこの事例は，問題の性格が異なるにしても，沖縄をめぐる基地問題にも通ずる側面があり，また，「民主主義の危機」が叫ばれ，そのつかまえ直しが求められる現状にあって，興味ぶかいといえる。

そこで，本章では，相模原市の所蔵する公文書[4]と市の社会教育主事を勤めた古川喜章・小林良司の寄贈資料を主な手がかりとして，「相模原市県立高校設置促進市民のつどい」と署名運動の形成過程を明らかにし，その意義をと

らえ直してみたい。対象となる時期は，主に 1974（昭和 49）年であるが，紙幅のかぎり，そこに至るプロセスにも目配りし，現代的課題を意識しながら，歴史的に位置づけてみたいと考えている。

現時点では，このテーマについて，当事者の回想は存在するものの，資料に基づく先行研究は，管見のかぎりない[5]。ところで，筆者は相模原市の高校増設運動について，2014（平成 26）年 3 月に刊行された『相模原市史　現代テーマ編』のなかで記述したことがある[6]。しかしながら，市史では，概説に止まり，深く掘り下げて分析することはできなかった。そこで，本章では，市史で積み残した課題の 1 つに取り組んでみたい。

1．都市化とともに進展する婦人学級・婦人学習グループ

1974（昭和 49）年以前，相模原市の婦人学級がどういった流れを築いてきたのか。初めに，公民館活動の前史について，ここで簡単に押えておきたい。

相模原市の社会教育事業のなかでも，1955 年に始まった婦人学級は，60 年代以降，大きく開花し，中核的存在となっていった。人口急増を背景に，新たに転入してきた女性たちの学習要求が高まると，婦人学級が問題意識をもった彼女たちのニーズに応え，学ぶ機会を提供する場となっていく。そのため，60 年代から 70 年代にかけて，婦人学級が市内各地に開設され，年々増加の一途をたどった。例えば，1966 年度の市内の婦人学級は，14 学級であったが，10 年後の 76 年度には，25 学級に増えている[7]。

また，社会教育のニーズの高まりから，相模原市教育委員会は 1966 年から 71 年まで社会教育主事を増員し，4 人が専門職として採用された[8]。婦人学級の助言者として，社会教育主事たちは，婦人学級終了後も継続して学ぶことの大切さを説き，修了者による自主的な学習グループを組織するよう，受講生たちに働きかけている。そういった助言を受けて，修了者たちは，社会教育主事との継続的な関係をもちつつも，自らの力で「婦人学習グループ」を立ち上げ，婦人学級での学びを深化させていった。

さらに，婦人学習グループを助成するため，相模原市は1966年に「婦人ゼミナール委託金制度」を創設し，委託金を支出することで，経済的に支援している。6年後の72年には，この制度は「婦人学習グループ委託金制度」に改められ，希望者が誰でも開設できるよう拡充された。当時，委託金制度は「相模原方式」として注目され，「相模原における『住民主体の社会教育』推進の礎」[9]と評価されている。それに伴い，委託金を受ける婦人学習グループも，年々増加した。66年度に4グループしか存在しなかった婦人学習グループが，10年後には40グループを数え，10倍に膨れ上がっている[10]。

こうした量的な側面だけでなく，婦人学級と婦人学習グループは，学習内容においても質的に向上していた。例えば，始まって間もない1956年度の相模原市の婦人学級は，4学級しかなく，学習テーマも「楽しい家庭をつくりましょう」と「明るい社会をつくりましょう」の2種類しか存在しない。具体的には，子どものしつけや嫁姑問題を採り上げていて，テーマ設定自体も，農村婦人を対象に，教養的な内容に終始していた[11]。

それに対し，1969年度の相模原市の婦人学級は，18学級存在し，「婦人のおかれている現状をみつめ，いかにしたら婦人の幸福が得られるかを考えよう」「これからの婦人像をみつけよう」「これからの家庭像はどうあるべきかを考えよう」など，各学級で設定したテーマもバラエティーに富み，従来と異なって，女性の主体的な生き方・考え方を主眼に置いている[12]。しかも，菅谷直子・赤松良子・田中寿美子・原田清子など，テーマに適した第一線の講師を招き，話を聞くことで，参加者は大きな刺激を受けていた。

一方，婦人学習グループの学習内容も，質的に充実しており，70年代前半には，教科書問題・市条例研究・高校進学問題・PTA問題・婦人解放史・合成洗剤・婦人の学習と保育・食品公害・学校給食など，多岐にわたるテーマを扱っている。こうして，問題意識をもった女性たちが，主体的に考え，生活と結びついた実践的な課題から政治問題に至るまで，さまざまな問題を見い出し，仲間と学び合うようになっていった[13]。

さらに，婦人学級と婦人学習グループは，1年間の活動の成果をお互いに発

表し合う場として，「研究集会」を 1966 年度に初めて実施した。70 年度以降は，婦人学習グループの研究集会が独立して開かれるようになり，島田修一・奥田泰弘・藤田秀雄・小林文人といった社会教育の研究者を招いて，最新の動向に触れながら，ディスカッションが試みられている。こうした研究集会の経験の蓄積から，73 年 4 月には，「相模原市婦人グループ連絡協議会」が発足し，婦人学習グループの横の連携が強められていった[14]。

2．婦人学級・婦人学習グループから住民運動へ

婦人学級や婦人学習グループの出身者のなかには，「やっきの会」を組織した宮下操[15]や「相模原市南部地区消費者の会」を立ち上げた三宅みどり[16]など，学び合いの経験から見い出した問題の解決に向けて，主体的に行動を起こす女性も現われた。

人口急増で深刻化した高校進学の問題も，母親たちの身近な悩みであり，婦人学級や婦人学習グループのテーマとして採り上げられた。渡辺恵子の回想によると，「（昭和）47 年度の婦人学級と学習グループの研究集会で，高校増設問題に取組むべきだとの提案が，3 学級 4 グループから出され」[17]，これを機に，「高校教育を考える会」が 73 年 6 月に生まれたという。当初，わずか 13 人の参加者でスタートした「高校教育を考える会」は，学び合いながら，数回にわたって他の団体やサークルなどにも呼びかけ，同年 10 月には，「相模原・高校増設連絡協議会」を近い将来設置することを決議した。その後，「高校教育を考える会」を中心とした準備会が，協議会の規約や運営等の話し合いを重ね，74 年 2 月 2 日，「相模原・高校増設連絡協議会」（高増連）が結成された[18]。

『さがみはら高校増設ニュース』の創刊号によると，2 月 2 日の高増連の設立総会には，会場の相模原市立南文化センターに，170 人の父母と教師が集まり，後藤重三郎が「高校教育を子どもたちのために」というタイトルで，記念講演を行なったと記されている[19]。高増連の会則では，「すべての子どもの学習権を保障するために，市内に公立普通高校の増設をすすめること」を目的に

表7-1 相模原・高校増設連絡協議会の事務局メンバー（1974年2月9日選出）

氏　　名	所属団体名
川村　世禧子	桜台グループ
菅野　通子	新日本婦人の会相模原支部
木村　峰子	相模原母親連絡会
桐生　洋子	子どもの幸せ読書会
清水　敏子	高校増設を考える会
野村　光二	湘北教職員組合
橋本　君江	日本婦人会議相模原支部
福井　朋子	橋の会
森　　操	つくしの会
渡辺　恵子	太陽

注：他に2団体が、もち返り検討中。
出典：『さがみはら高校増設ニュース（仮称）』創刊号、1974年2月22日付（企画調整課「昭和五四年度　県立高校誘地書類（Ⅱ）」相模原市蔵）をもとに作成。

掲げ、合わせて「高校三原則の実現、教育内容の充実、民主化、私学助成公費の増額」を目指すと、第2項で規定していた。また、会則とは別に、「確認事項」も存在する。そこでは、「この会は、特定の政党や宗教にかたよらず、またこの会の名で、いっさいの選挙活動を行なわないこととします」という文言があり、会則の下に付記されていた[20]。この確認事項を付け加えた理由について、福井朋子は「それぞれに、性格の、目的の異った諸団体が、相模原に高校を、そして高校教育の充実を、という事にしぼって連絡協議会を作ることが合意されるには、……『確認事項』も必要であった」[21] と回想している。

続いて、2月9日に開かれた高増連の第1回連絡協議会では、事務局の構成や当面の活動などが協議された。参加した団体の代表や個人会員のなかから、表7-1のように、10人の事務局メンバーが選ばれている[22]。また、当面の活動として、連絡協議会を月1回もち、関係各方面に発会の報告と今後の協力を要請することのほか、会員同士が学び合う学習会を開催し、機関紙『さがみは

表7-2 相模原・高校増設連絡協議会の参加団体（1974年2月9日現在）

分類	参加団体名
婦人学習グループ（12）	かがり火・太陽・きずきグループ・たけのこ・子どもの幸せ読書会・高校増設を考える会・桜台グループ・橋の会・母親の教育史・つくしの会・たんぽぽ・さつき会
PTA（3）	大野北中PTA・大野南中PTA・南大野小PTA
団体（7）	相武台小母と女教師の会・湘北教職員組合・高教組県北支部・高教組相原高分会・新日本婦人の会相模原支部・相模原母親連絡会・日本婦人会議相模原支部

出典：『さがみはら高校増設ニュース（仮称）』創刊号，1974年2月22日付（企画調整課「昭和五四年度　県立高校誘地書類（Ⅱ）」相模原市蔵）をもとに作成。

ら高校増設ニュース』を発行することが決まっている。ちなみに，2月9日の時点で，高増連に参加した団体は，表7-2の22団体で，その内訳は，12の婦人学習グループ，3校のPTA，7つの諸団体となっていた[23]。

　結成後に作成された高増連のパンフレット「入会のおさそい」には，中学生の高校進学状況などの具体的なデータを示しながら，結成の趣旨が次のように記されている。

　　わたくしたち父母と教師，地域の人々が広く手をつないで，みんなの望んでいる公立普通高校をたくさんつくってもらわねばなりません。又，同時に，教育の内容についても学び合い，考え合って，充実した学校教育を実現するために，ここに小さな力を出し合って，この会を作りました。[24]

　建物さえ出来ればいいということではなく，完成した高校の中身をいかに充実させていくか，という点にも目配りしていたことは，注目に値する。いかに豊かで充実した教育を子どもたちに提供することができるか，ハコモノと教育

内容の両面の充実を，高増連は学び合うことで求めていこうと対外的に呼びかけていた。

また，「入会のおさそい」には，「当面の活動方針」も掲げられている。そこには，「行政への働きかけをしましょう」「わをひろげ，仲間をふやしましょう」「学習会，懇談会をひらきましょう」「情報をもちよって，交換，交流をしましょう」と列挙されており，前述の結成時よりはっきりとした方針が打ち出され，グループの性格が表れている[25]。

いずれにしても，相模原市では，1972年から74年にかけて，婦人学級で育った女性たちが高増連を設立し，他の婦人学習グループやPTA・諸団体も呼応して，学び合いながら，県立高校の増設を求める運動を展開していくという流れが起こっていた。

3．河津市政の高校増設問題への取組み

それに対して，相模原市は高校増設問題について，どう取り組んでいたのであろうか。

当時の相模原市長は，前述の河津勝である。尾崎行雄の縁戚にあたる河津は，小児マヒの後遺症で，右足が終生不自由な身であった。1921（大正10）年に相原村（現・相模原市）へ就職した彼は，43年を超える役人生活で書記から助役まで昇りつめ，1965（昭和40）年1月の市長選で当選している。保守系の政治家として，その後，77年1月まで3期12年連続で相模原市長を務めた。

河津市政の時代には，キャンプ淵野辺の電波障害制限地区指定問題に始まり，ベトナム戦争に投入するため，相模総合補給廠から横浜ノースドックに向かう米軍戦車を阻止する「戦車闘争」，キャンプ淵野辺の跡地利用促進運動など，市内の米軍基地をめぐる問題が次々に起こっている。そのたびに，河津市長は市民の先頭に立って，「市民総ぐるみ」で米軍基地の早期返還と地元優先の跡地利用を訴えた。尾崎行雄の座右の銘「正を踏んで恐るるなし」という言葉を，「一生の信条」としていた河津は，時には日本政府や米軍を相手に，

はっきりとものを言う姿勢を貫いている[26]。

　一方，高校増設問題についても，河津市長は解決に向けて行動を起こしていた。73年11月22日，河津市長は津田文吾県知事に対し，新戸地区・城山町（現・相模原市）川尻原宿地区・大島地区・上溝番田地区・上鶴間地区の5か所の候補地を挙げ，5校の県立高校を早急に建設するよう陳情している[27]。この5か所のうち，相模原市に隣接した城山町川尻原宿地区と新戸地区が有望視され，城山町の候補地は，町の了解を得ており，県教育施設課も当初，適地として促進しようという姿勢を示していた。

　そうしたところ，神奈川県が1973年11月，「新総合計画」を発表する。そのなかで，「高校百校」新設を提唱し，80年度までに普通高校11校を県央地区に設置することを明らかにした。その後，麻溝台高校に続く県央地区第2号として，津久井地区に新設される公算が高まると，相模原市は城山町川尻原宿地区に当然決まると想定していた。

　ところが，県が74年2月初めに公表した来年度開校予定の県立普通高校の新設計画では，相模原市から離れ，津久井湖に近い城山町川尻水源地区へ，候補地が変更された。さっそく，河津市長は2月18日，前年11月に行なった陳情の回答を県に求め，変更の経緯を問い合わせたものの，県からはっきりとした返事が得られない。しかも，候補地内定のプロセスをめぐり，「何やら政治的に取り決められたというウワサ」も出て，結局，蚊帳の外にされた河津市長は，「県の真意がわからない」と反発を強めていった[28]。

4．「市民総ぐるみ」運動の計画と準備進捗状況

　高校建設予定地をめぐって，県の対応に反発を強めた河津市長は，このあと，市民を含めた形の強力な誘致運動を展開することで，県に抗議する構えを見せていく[29]。1974（昭和49）年3月12日，相模原市議会で県立高校問題を追及されると，河津市長は県知事らを市民会館に招き，市民と話し合う場を設けたい旨を表明した[30]。続いて，城山町川尻水源地区への高校建設計画が，

同月15日に神奈川県議会で問題視されると，河津市長は高増連と接触し，共同で県教育長と交渉するようになる。さらに，両者の協議で，小中学校のPTAや校長会・自治会連合会も広範に取り込んで実行委員会をつくり，15万人署名運動と「市民のつどい」を開催する計画が立てられていった[31]。

　計画の実現に向けて，最初に着手されたのは，会場の確保であった。「県立高校設置促進市民大会」を開催する目的で，「相模原市民会館（ホール）使用許可申請書」が3月29日に河津市長名でもって提出され，翌日には，市民会館大ホールの使用が許可されている。大会の2か月以上前に，市がすでに会場の確保に動いていた。申請書の入場予定数の欄には，1,200人と記載されており，また，大会の事務局を担当した市の企画部企画調整課の課長名も，申請書の会場責任者の欄に記されている[32]。

　会場の確保から1か月後，実行委員会を構成する諸団体の代表者に対して，「市民のつどい」開催に向けた打合せ会への出席要請の通知が送られている。この通知文も，企画部企画調整課が作成し，5月10日の決裁を経て，小中学校PTA連合協議会会長・自治会連合会会長・小学校長会会長・中学校長会会長・高増連代表の5か所に宛てて発送された。通知では，人口急増により，高校進学志望者が年々増加して，高校増設の必要性について市民の関心が極めて高いという現状を指摘したうえで，企画部企画調整課が事務局として，「市民のつどい」開催に向けた打合せ会への代表者の出席を要請している[33]。

　74年5月16日，「市民のつどい」開催に向けた打合せ会が，相模原市役所の市議会第3委員会室で開かれた。5団体の代表は全員出席し，市からは舘盛静光助役と田所長義教育長のほか事務局の企画部メンバー6人が参加している。当日，協議のたたき台として，事前に準備された「市民のつどい」開催要項・大会決議案・昭和48年度の相模原市高校進学者の状況が配られた。打合せ会は，市のあいさつから始まり，企画部長が高校設置状況の経過説明を終えると，配布資料を参照しながら，開催要項・大会決議案・当日の分担・大会参加者の動員方法・署名運動・その他について，検討が進められている[34]。

　協議の結果，「市民のつどい」は6月8日に開催し，参加者は相模原市民と

して，県知事や県教育長らを来賓として招待することと，大会決議案のなかに「生徒の悩みを入れること」で合意している。また，5つの団体と市でもって実行委員会を組織し，トップは河津市長として，実行委員会が「市民のつどい」を主催することとなった。それから，当日の分担では，議長団代表を小学校長会代表が，経過報告を事務局が担い，3つの意見発表（父母代表・市民代表・学校代表）のうち父母代表をPTA代表が，市民代表を自治会代表が，学校代表を中学校長会代表が担当して，最後の決議宣言を高増連代表が行なうことを申し合わせている。さらに，大会参加者の動員方法については，中学校PTA関係で900人，小学校PTA関係で300人，自治会関係で100人，その他で100人と，それぞれ分担して集める数値目標が設定された。このほか，署名運動も同時並行で進め，5月末から6月15日まで実施することを決めている。署名運動の主体も，実行委員会が担い，とりわけ自治会連合会と小中学校PTA連絡協議会が推進母体となって署名を集め，一方，市が署名用紙を用意し，送付する段取りとなった。最後に，署名運動は「市民のつどい」の会場だけでなく，地区別でも期間中実施するため，実動部隊となる各地区の自治会長にも協力を要請することで合意している[35]。この打合せ会の模様は，5月18日付の新聞各紙に掲載され，「市民のつどい」と署名運動も合わせて報じられた[36]。

　その後，大会直前の準備打合せ会が，6月3日にもたれている。その場で，まず署名運動への協力依頼と「市民のつどい」の出席要請について，この間の状況が示された。署名運動については，PTAが5月29日に1万枚，自治会が5月28日に同じく1万枚，高増連が5月31日に1,000枚の依頼状を，それぞれ発送したという近況を確認している。一方，「市民のつどい」の出席要請の書状は，PTA1,200人，自治会100人，その他50の団体と市議40人，地元選出の県議4人に宛てて送付されたと，経過が報告された。続いて，当日の役割・会場の具体的な配置・会場での署名の分担など，大会に向けた詰めの確認も行なわれている[37]。このほか，市職員の応援も加わり，管理職を含む41人と広報課職員が，「市民のつどい」に動員された。実行委員長である河津市長をトップに，舘盛助役と田所教育長が総指揮に当たる事務分担が編成され，各

表7-3 県立高校設置促進市民のつどい事務分担（相模原市）

項　目	責任者	担当者	内　容
実行委員長	市長	河津　勝	
総指揮	助役 教育長	舘盛　静光 田所　長義	
総務	企画部長 指導部長	企画調整課長・企画係長 庶務課長・庶務係長 社会教育課長・広報課長	市民のつどい全般に関すること
受付係	学務課長	庶務課・企画調整課 庶務課・庶務課 社会教育課	来賓の受付・接待に関すること パンフレットの配布
会場署名係	広聴係長 社会教育係長	企画調整課・企画調整課 庶務課・社会教育課 社会教育課・社会教育課	会場に備えた署名簿に来場者の署名を依頼する 署名簿業務終了後は会場係の業務を行なう
会場係	調整係長 経理係長	学務課・庶務課 庶務課・社会教育課 庶務課・学務課 広報課・社会教育課 職名不明1人	来場者へのパンフレット配布，署名の依頼 会場内外の整理 来場者数を測定器で確認
車両整理係	保険係長	広報課・企画調整課 庶務課	来場者の駐車場に関すること 一般車の駐車整理，交通整理
報道係	学務係長	広報課職員（人数不明）	写真撮影に関すること

注：総務以下の責任者・担当者は，1人ずつ原資料に明記されている職名のみ記載。
出典：「県立高校設置促進市民のつどい事務分担（相模原市）」（企画調整課「昭和五五年度県立高校誘致書類（Ⅱ）」相模原市蔵）をもとに作成。

課から動員された職員が，表7-3のように，総務をはじめ受付係・会場署名係・会場係・車両整理係・報道係に割り当てられている[38]。こうして，大会の準備が着々と整えられていった。

5．県立高校設置促進市民のつどいと署名運動

　1974（昭和49）年6月8日，「相模原市県立高校設置促進市民のつどい」が午後1時半から相模原市民会館大ホールで開催された。市民会館が午後1時に開場されると，入場予定数1,200人を400人もオーバーした，約1,600人の参加者が会場に詰めかけた。参加者の内訳は，PTA関係で1,300人，自治会関係で200人，その他100人であった。また，来賓として，県知事と県教育長を事前に招待していたものの，結局，両者の参加は実現せず，代理として，県教育委員会の和田順三郎指導部長と県央地区行政センターの高下幸男所長が出席している。

　「市民のつどい」が始まると，まず始めに，小中学校PTA連絡協議会の浜田三雄会長が開会のことばを宣言して，市の企画部長が経過報告を行なった。続いて，河津市長が実行委員長としてあいさつし，来賓が紹介されている。このあと，議長団として，小中学校PTA連絡協議会の浜田会長・自治会連合会の関根金一会長・小学校長会の佐藤正彦会長・中学校長会の山名定雄会長・高増連の川村世禧子代表の5人が選出され，プログラムは父母代表・市民代表・学校代表による市民意見発表に移った。

　最初に，父母代表としてPTAを代表し，荒井久子が「子供の悩み解決のため高校の設置を！」と懇願すると，次に，市民代表として自治会を代表し，小方儀一が「15の春を泣せないためにも高校の増設を！」と訴え，最後に，学校代表として中学校長会の山名会長が「中学校のけわしい進路の解決のため高校の増設を！」と主張し，それぞれの立場から高校増設の必要性と切なる要望を表明している。

　3人の発表のあと，会場の参加者からの自由意見を求め，合計10人が意見

を表明した。「安心して教育できる高校の設置」「18才義務教育化を」「特に普通高校の設置を望む」「私立高校の経費（授業料）負担を市費で」「本大会を契機として息の長い市民運動であってほしい」「学校格差の是正」「市立高校の設置を」など、さまざまな意見が寄せられたが、高校増設自体に反対する意見はなかった。

　自由意見発表が終了すると、高増連を代表して清水敏子が、パンフレットに掲載された決議案を朗読し、参加者の拍手でもって可決された。決議文には、高校問題解決のため、「昭和49年度中に相模原市内へ高校建設の具体化を図ること」「昭和50年度以降毎年1校以上の設置を図ること」など、5つの要求が掲げられている。このなかには、73年1月に全面返還で合意されたキャンプ淵野辺の跡地利用を念頭に、「米軍基地跡地に高校の設置促進」という要求も盛り込まれていた。また、決議文と署名簿は後日、県知事と関係当局に送付されることも告げられている。

　大会の最後に、来賓あいさつとして、県を代表して教育委員会の和田指導部長が最初にあいさつし、続いて、小原春夫・岩本直通・佐野文一郎の3県議と、市議を代表して加藤長治があいさつを行なった。そのあと、議事を終えた議長団が降壇し、自治会連合会の関根会長が閉会のことばを述べて、すべてのプログラムを終了している[39]。

　一方、同時並行で実施していた署名運動も、6月15日で締め切られた。約半月で、署名者の総数は当初、目標とした15万人を5万人以上も超え、20万5,018人に達している。その内訳は、自治会連合会が集めた署名が13万522人、小中学校PTA連絡協議会が集めた署名が7万3,133人で、当日会場での署名が1,363人であった[40]。

　署名簿の集計が終わると、河津市長は実行委員会を構成する5団体に対して、県へ陳情に行くことを提案し、それぞれの団体から代表者1人の参加を要請した[41]。他方、河津市長は県に対し、県立高校設置促進の趣旨達成のため、陳情する際、県知事とともに県教育長にも出席していただけるよう、事前に依頼している[42]。

74 年 6 月 28 日，河津市長は自治会連合会の小川広吉副会長・小中学校PTA 連絡協議会の浜田会長・小学校長会の佐藤会長・中学校長会の山名会長・高増連の川村代表と，田所教育長をはじめ企画部長・財務部長・企画調整課長・秘書課長・企画係長の 6 人の事務局を率い，市の用意した車で，神奈川県庁を訪問した。結局，陳情の場に，津田県知事は出席したものの，県教育委員会の立場を代弁したのは教育施設課長に止まり，教育長は欠席している。知事第 2 応接室に案内された河津市長ら陳情団は，持参した「市民のつどい」での決議文と約 21 万人の署名簿を県知事に手交した。その際，河津市長は市民の総意として県立高校の設置促進を強く訴え，特に「県の 9 月補正予算で 1 校の具体化を」求めた。それに対して，津田県知事は「9 月補正での具体化は現在の県の財政状況から困難である見通しを」述べる一方で，予定されている県央学区への 11 校の建設は，「結局相模原市へほとんど建設することになりこの面で努力して行く」と応じている[43]。
　次に，中学校長会の山名会長が口火を切り，こう訴えた。

　　市内中学校の高校進学の悩みは，深刻なものがあり，進学指導のなかでは，私立高への進学が 47 年度で 60 校余りだったのが昭和 48 年度 100 校余りとなり，それだけ遠方へ通学せざるを得なくなってきている。最も遠い所は，通学 2 時間以上もかかる山梨県都留高校へも少なからず通学している現状である……[44]

　中学校の現場での切実な事情を理解してもらいたいと，山名会長は県知事に深刻な現状を具体的に説明している。ちなみに，陳情団のなかで，河津市長を除いて，この場で発言した人物は，山名会長のみであった。
　山名会長の発言に続いて，再び河津市長が，激しい人口急増に伴い，小学校の建設に追われ，財政的に大きな問題を抱えている市の現状を具体的な数値で示し，高校進学者が近い将来 2 倍に膨れ上がる現状で，その受け皿となる「市立高校を建てる余裕がないので，理解をしてもらいたい」と，たたみかけるよ

表7-4　県北学区内の県立普通高校定員数（1987年時点）

設置年度	校名		1学年人数
1911（明治44）年	上溝	市内	322
1963（昭和38）年	相模原		368
1974（昭和49）年	麻溝台		495
1976（昭和51）年	上溝南		540
1977（昭和52）年	上鶴間		540
1978（昭和53）年	橋本		540
1979（昭和54）年	相武台		540
1980（昭和55）年	大沢		540
1983（昭和58）年	弥栄東		360
1983（昭和58）年	弥栄西		360
1985（昭和60）年	相模大野		450
1986（昭和61）年	新磯		360
1987（昭和62）年	相模田名		360
1902（明治35）年	津久井	市外	368
1975（昭和50）年	城山		540
	合　計		6683

出典：相模原・高校増設連絡協議会編『高増連13年の活動白書』（相模原・高校増設連絡協議会，1987年）5ページをもとに作成。

うに懇願した[45]。

山名会長・河津市長の発言を受け，津田県知事は最後にこう発言している。

> いずれにしても相模原全市民の要望でもあり，また21万人の署名にもあるように強い熱意を示しているため，県としても今後県立高校を建設していくうえで相模原地区を県のなかでも重要な地区として推進する[46]

陳情団を率い，署名簿と具体的な数値を示して懇願することで，津田県知事に熱意が伝わり，「相模原地区を県のなかでも重要な地区として推進する」という前向きな発言を引き出していた。

それから13年後の1987（昭和62）年の時点で，相模原市内の県立普通高校は，表7-4のように3校から13校へと，この間，10校も増加した。入学定員で見ても，990人から5,575人と，5.6倍に増え，子どもたちが高校に進学できる環境が整備されている[47]。こうして，公民館を拠点とした女性たちの問題提起が，市と連携した「市民総ぐるみ」の全市的な運動で，県の姿勢を突き動かしていたといえる。

おわりに

最後に，相模原市の県立高校設置促進運動のプロセスにみる特徴を押えておきたい。

そもそも，運動の原点は，どこにあったかといえば，公民館での女性たちの学び合いにあったといえる。女性たちが公民館を拠点に学び合うなかで，地域の課題を発見し，なぜ問題が発生するのかという問いから，諸要因を解明し，解決策を見い出していた。その地域課題の1つが，県立高校増設問題で，問題の解決に向けて，女性たちは公民館で身につけた学び合いを基軸に，運動の輪を広げていく。彼女たちは，婦人学習グループから高増連へと組織を拡大し，常に学び合いながら，他者の賛同を得ることで，他の婦人学習グループだけで

なく，PTAや諸団体にも輪を広げ，1つの流れを築いていた。

　その後，女性たちの流れをより大きな流れに変えた転機は，高校増設をめぐって，県教育委員会との交渉で挫折し，行き詰っていた河津市長との出会いであったといえる。河津市長はすでに米軍や日本政府を相手に，「市民総ぐるみ」の基地返還運動を推進し，運動の先頭に立つ経験を積み重ねていた[48]。この経験があったからこそ，河津市長は同じ問題に取り組んでいた女性たちに呼びかけ，ここでも「市民総ぐるみ」の運動を適用し，局面を打開する方針転換を可能にしたと考えられる。また，高増連の側からみても，河津市長との連携が，さらに広範な運動へと一気に押し広める契機となっていた。市が単独で推進するのではなく，高増連を含む実行委員会が「市民のつどい」を開催し，同時に署名運動も展開することで，市民の自発的な声と行政の施策を下から結びつけ，「市民総ぐるみ」の全市的な運動に盛り上げていく。その結果，1,600人が会場を埋めつくした「市民のつどい」での決議文と，約21万人の署名簿を，市民の総意として示すことで，津田県知事から前向きな発言を引き出し，県の姿勢を変えていた。そこには，問題解決のために，よりよいまちづくりに向けて，協働する市民と行政の姿があった。

　こうして流れをたどると，動機や思想・信条は異なるものの，革新自治体を牽引した横浜市の飛鳥田市政の政治手法と，何か重なる部分があるように見受けられる。「横浜市民の総意がそこ（市民集会）に集まり，大きな市民運動の力が盛りあがるとき，はじめて，いろいろな政治的困難を一つひとつ解決してゆくことが可能になる」[49]という発想で，1967年以降「一万人市民集会」を実施し，住民参加の直接民主主義を植えつけようとした飛鳥田市政の政治手法は，保守であった河津市政にも重なる部分があったのではなかろうか。自己のスタンスについて，河津市長は「市民とともに考え，多くの市民が考える方向にそって相模原市の発展のために，市民の先頭に立って不偏不党の立ち場で市政を進めていきたい」[50]と述べ，飛鳥田市長も「市民と一緒に考え，みんなの力をあわせて（政策を）実現していこう」[51]と呼びかけていた。推測の域を出ないが，この政治姿勢が，市民のために，時として保革の枠を超える言動を

可能にしたと考えられる。しかしながら，飛鳥田市政との影響関係を裏づける資料は見当たらない[52]。

　最後に，女性たちの公民館活動の歴史的意義について，眼を向けたい。さかのぼれば，戦後改革のもと，民主主義の担い手を育てる目的で，全国各地に公民館が生まれ，1949（昭和24）年の社会教育法の制定により，法的に整備された。その後，54年の第五福竜丸事件を機に広がりを見せた原水爆禁止運動の署名運動は，杉並区の公民館を拠点とした読書サークル「杉の子会」の女性たちの活動がきっかけであった。また，同時期には，国立町（現・国立市）でも，「文教地区」指定運動をきっかけに，公民館で学び合う「火曜会」という女性サークルが生まれ，そこで町の問題に目覚めた女性が町政に進出している[53]。敗戦後，日本の民主主義において，それぞれの地域の公民館活動がどういった役割を果してきたのか。公民館で学び合う女性たちが，どのようにして市民主体のまちづくりの力強い担い手となっていったのか。本稿では，相模原の事例を採り上げたが，いま一度，各地のたどった軌跡をつかみ直し，歴史的に位置づけていく必要がある。

　「民主主義の危機」が叫ばれ，そのつかまえ直しが求められる現状にあって，相模原の一事例ではあるが，女性たちの求める地域課題の解決を目指した市民と行政の協働の取組みは，貴重な教訓であり，その歴史的意義はいまもって失われていないといえよう。

　　追記：本章の執筆にあたって，小林良司氏のご紹介で高増連の清水敏子氏から，石井篁氏のご紹介で当時の相模原市企画部企画調整課長の鈴木実氏から聞きとり調査をさせていただきました。ご協力いただきました清水敏子氏・鈴木実氏・小林良司氏・石井篁氏・相模原市立博物館に対し，この場を借りて，あらためてお礼を申し上げます。

1) 相模原市総務部総務課市史編さん室編『相模原市史　現代図録編』（相模原市，2004年）229頁参照。
2) 『神奈川新聞』1975年4月25日付参照。
3) 相模原市県立高校設置促進市民のつどい実行委員会編「県立高校設置促進市民のつどい」（企画調整課「昭和五五年度　県立高校誘致書類」相模原市蔵）参照。

4) 本稿では，主に「昭和五四年度　県立高校誘地書類（Ⅱ）」と「昭和五五年度県立高校誘致書類」の2つの綴を参考にしている。
5) 1960年代初頭の高校全入運動については，伊ケ崎暁生・小川利夫『戦後民主主義教育の思想と運動』（青木書店，1971年）など，多くの研究蓄積がある。
6) 拙稿「相模原のまちづくりをめぐって―歴代のリーダーにみる課題と実践」（相模原市教育委員会教育局生涯学習部博物館編『相模原市史　現代テーマ編　軍都・基地そして都市化』相模原市，2014年）461-466頁参照。
7) 古川喜章「相模原市における社会教育計画と施設」（日本社会教育学会編『日本社会教育学会六月集会（東京集会）研究報告要旨』1979年）24頁参照。
8) 2013年6月13日小林良司聞きとり調査（文責在筆者）。
9) 小林良司・西東邦雄・白井誠一・古川喜章「相模原の公民館四〇年―その歩み・住民とともに」（『月刊社会教育』第30巻第7号，1986年）15頁。
10) 前掲，古川喜章「相模原市における社会教育計画と施設」24頁参照。
11) 相模原市教育委員会編『社会教育資料　話し合いのあしあと（婦人調査の概況と婦人学級）』（相模原市，1957年）18・29・35・41頁参照。「昭和31年度〜62年度　相模原婦人学級一覧」（小林良司資料，相模原市蔵）参照。
12) 前掲，「昭和31年度〜62年度　相模原婦人学級一覧」参照。
13) 藤田秀雄「社会教育に関する権利意識の成長―社教法をのりこえる相模原市の動向」（『月刊社会教育』第18巻第7号，1974年）33頁参照。
14) 池田登枝子「相模原市の委託金制度の改革をもとめて―婦人グループ連絡協議会のとりくみ」（第19回社会教育研究全国集会現地実行委員会編『第19回社会教育研究全国集会資料集』社会教育推進全国協議会，1979年）187頁。
15) やっきの会編『やっきの会便り　創立1周年記念号』（やっきの会，1969年）参照。やっきの会創立二十周年記念事業実行委員会編『やっきの会便り　創立二十周年記念特集号』（やっきの会，1988年）参照。格地悦子「送ることば」（『手と手』1996年6月号）3頁参照。
16) 『神奈川新聞』1975年5月2日付参照。南部地区消費者の会「消費者運動と社会教育」（相模原市社会教育をよくする市民の会編『わたしたちの望む社会教育〈資料2〉』相模原市社会教育をよくする市民の会，1975年）4-6頁参照。
17) 渡辺恵子「相模原のゆたかな社会教育の創造をめざして―私とグループと地域活動」（57年度研究集会まとめ誌編集委員会編『第13回（昭和57年度）相模原市婦人学習グループ研究集会まとめ誌　相模原のゆたかな社会教育の創造をめざして』相模原市婦人グループ連絡協議会，1983年）16頁。
18) 福井朋子「相模原高校増設連絡協議会の歩みから」（第19回社会教育研究全国集会現地実行委員会編『第19回社会教育研究全国集会資料集』社会教育推進全国協議会，1979年）236頁。
19) 『さがみはら高校増設ニュース（仮称）』創刊号，1974年2月22日付（企画調整課「昭和五四年度　県立高校誘地書類（Ⅱ）」相模原市蔵）参照。
20) 相模原・高校増設連絡協議会編「入会のおさそい　みんなが希望する高校にはい

れるように」（企画調整課「昭和五四年度　県立高校誘地書類（Ⅱ）」相模原市蔵）参照．
21) 前掲，福井朋子「相模原高校増設連絡協議会の歩みから」237 頁．
22) 前掲，『さがみはら高校増設ニュース（仮称）』創刊号参照．
23) 同上．
24) 前掲，相模原・高校増設連絡協議会編「入会のおさそい　みんなが希望する高校にはいれるように」．
25) 同上参照．
26) 前掲，拙稿「相模原のまちづくりをめぐって─歴代のリーダーにみる課題と実践」448-451 頁参照．
27) 相模原市「陳情書」（企画調整課「昭和五四年度　県立高校誘地書類（Ⅱ）」相模原市蔵）参照．
28)「県立高校誘致運動の経過」（企画調整課「昭和五四年度　県立高校誘地書類（Ⅱ）」相模原市蔵）参照．『さがみ新聞』1974 年 3 月 1 日付参照．
29) 前掲，『さがみ新聞』1974 年 3 月 1 日付参照．
30) 議会事務局議事課「昭和四九年度　本会議会議録（四─一）」（相模原市蔵）参照．
31)『毎日新聞』1974 年 5 月 18 日付参照．
32) 相模原市長「相模原市民会館（ホール）使用許可申請書」（企画調整課「昭和五四年度　県立高校誘地書類（Ⅱ）」相模原市蔵）参照．
33) 企画部企画調整課企画係「県立高校増設促進に伴う打合せ会の開催について（通知）」（企画調整課「昭和五五年度　県立高校誘地書類（Ⅱ）」相模原市蔵）参照．
34)「県立高校設置促進市民のつどい開催打合会」（企画調整課「昭和五四年度　県立高校誘地書類（Ⅱ）」相模原市蔵）参照．
35)「高校設置市民のつどい打合会結果」（企画調整課「昭和五四年度　県立高校誘地書類（Ⅱ）」相模原市蔵）参照．
36) 1974 年 5 月 18 日付の『毎日新聞』・『産経新聞』・『朝日新聞』・『神奈川新聞』で掲載されている．『読売新聞』は同年 5 月 20 日付で報じられている．
37)「県立高校設置促進市民のつどい準備打合会」（企画調整課「昭和五四年度　県立高校誘地書類（Ⅱ）」相模原市蔵）参照．
38)「県立高校設置促進市民のつどい事務分担（相模原市）」（企画調整課「昭和五五年度　県立高校誘致書類（Ⅱ）」相模原市蔵）参照．
39)「相模原市県立高校設置促進市民のつどい結果概要」（企画調整課「昭和五四年度　県立高校誘地書類（Ⅱ）」相模原市蔵）参照．
40)「県立高校設置促進署名者数」（企画調整課「昭和五四年度　県立高校誘地書類（Ⅱ）」相模原市蔵）参照．
41) 企画部企画調整課企画係「県立高校設置促進の陳情について」（企画調整課「昭和五五年度　県立高校誘致書類（Ⅱ）」相模原市蔵）参照．
42) 企画部企画調整課企画係「県立高校設置促進について」（企画調整課「昭和五五

年度　県立高校誘致書類（Ⅱ）」相模原市蔵）参照。
43)「県立高校設置促進陳情の結果概要」（企画調整課「昭和五四年度　県立高校誘地書類（Ⅱ）」相模原市蔵）参照。
44) 前掲,「県立高校設置促進陳情の結果概要」。
45) 同上参照。
46) 前掲,「県立高校設置促進陳情の結果概要」。
47) 相模原・高校増設連絡協議会編『高増連13年の活動報告』（相模原・高校増設連絡協議会, 1987年）5頁参照。
48) 例えば, キャンプ淵野辺の電波障害制限地区指定問題において, 河津市長は1967（昭和42）年12月に「相模原市電波障害制限地区指定反対実行委員会」を結成し, 翌68年2月には,「1万人の市民集会」を開催して, 広範な市民の声を反対運動に結集させている。
49) 飛鳥田一雄『革新市政の展望—横浜市政四年間の記録』（社会新報, 1967年）8頁。
50)『神奈川新聞』1969年1月21日付。
51) 前掲, 飛鳥田一雄『革新市政の展望—横浜市政四年間の記録』8頁。
52) 1972年に起きた「戦車闘争」では, 河津市長と飛鳥田市長が, 米軍戦車の通行許可の日程を打ち合わせていた（河津勝『わが人生』ぎょうせい, 1984年, 139頁参照）。しかし一方で, 河津市長は革新団体に対し,「僕は君等と一緒に行動しているのではない」（前掲, 河津勝『わが人生』121頁）と怒鳴りつけ, 丹治栄三相模原市議らと作戦を練る飛鳥田市長に対しても, 同年12月に実施予定の「衆議院議員選挙のため, 社会党の名を売るために利用したのであるようであった」（前掲, 河津勝『わが人生』123頁）と厳しい評価を下している。
53) くにたち郷土文化館編『まちづくり奮戦記—くにたち文教地区　指定とその後』（くにたち郷土文化館, 2000年）30頁参照。

執筆者紹介（執筆順）

鳴子 博子	中央大学社会科学研究所研究員，中央大学経済学部教授
大矢 温	中央大学社会科学研究所客員研究員，札幌大学地域共創学群教授
前原 直子	中央大学社会科学研究所客員研究員，流通経済大学経済学部兼任講師
髙橋 和則	中央大学社会科学研究所客員研究員，中央大学法学部兼任講師
遠藤 孝	中央大学社会科学研究所客員研究員，湘南工科大学非常勤講師
中島 康予	中央大学社会科学研究所研究員，中央大学法学部教授
沖川 伸夫	中央大学社会科学研究所客員研究員，中央大学法学部兼任講師

※中央大学社会科学研究所における身分は研究活動期間中の身分とする。

暴力・国家・ジェンダー

中央大学社会科学研究所研究叢書39

2019年10月31日　初版第1刷発行

編著者　中　島　康　予
発行者　中 央 大 学 出 版 部
代表者　間　島　進　吾

〒192-0393　東京都八王子市東中野742-1
発行所　中 央 大 学 出 版 部
電話 042(674)2351　FAX 042(674)2354
http://www2.chuo-u.ac.jp/up/

© Yasuyo Nakajima 2019　　　　　　　　　　惠友印刷㈱
ISBN 978-4-8057-1340-2

本書の無断複写は，著作権法上での例外を除き，禁じられています。
複写される場合は，その都度，当発行所の許諾を得てください。

中央大学社会科学研究所研究叢書

1 中央大学社会科学研究所編
自主管理の構造分析
－ユーゴスラヴィアの事例研究－
Ａ５判328頁・品切

80年代のユーゴの事例を通して，これまで解析のメスが入らなかった農業・大学・地域社会にも踏み込んだ最新の国際的な学際的事例研究である。

2 中央大学社会科学研究所編
現代国家の理論と現実
Ａ５判464頁・4300円

激動のさなかにある現代国家について，理論的・思想史的フレームワークを拡大して，既存の狭い領域を超える意欲的で大胆な問題提起を含む共同研究の集大成。

3 中央大学社会科学研究所編
地域社会の構造と変容
－多摩地域の総合研究－
Ａ５判482頁・4900円

経済・社会・政治・行財政・文化等の各分野の専門研究者が協力し合い，多摩地域の複合的な諸相を総合的に捉え，その特性に根差した学問を展開。

4 中央大学社会科学研究所編
革命思想の系譜学
－宗教・政治・モラリティ－
Ａ５判380頁・3800円

18世紀のルソーから現代のサルトルまで，西欧とロシアの革命思想を宗教・政治・モラリティに焦点をあてて雄弁に語る。

5 高柳先男編著
ヨーロッパ統合と日欧関係
－国際共同研究Ⅰ－
Ａ５判504頁・5000円

EU統合にともなう欧州諸国の政治・経済・社会面での構造変動が日欧関係へもたらす影響を，各国研究者の共同研究により学際的な視点から総合的に解明。

6 高柳先男編著
ヨーロッパ新秩序と民族問題
－国際共同研究Ⅱ－
Ａ５判496頁・5000円

冷戦の終了とEU統合にともなう欧州諸国の新秩序形成の動きを，民族問題に焦点をあて各国研究者の共同研究により学際的な視点から総合的に解明。

中央大学社会科学研究所研究叢書

坂本正弘・滝田賢治編著

7 現代アメリカ外交の研究

A5判264頁・2900円

冷戦終結後のアメリカ外交に焦点を当て，21世紀，アメリカはパクス・アメリカーナⅡを享受できるのか，それとも「黄金の帝国」になっていくのかを多面的に検討。

鶴田満彦・渡辺俊彦編著

8 グローバル化のなかの現代国家

A5判316頁・3500円

情報や金融におけるグローバル化が現代国家の社会システムに矛盾や軋轢を生じさせている。諸分野の専門家が変容を遂げようとする現代国家像の核心に迫る。

林　茂樹編著

9 日本の地方CATV

A5判256頁・2900円

自主製作番組を核として地域住民の連帯やコミュニティ意識の醸成さらには地域の活性化に結び付けている地域情報化の実態を地方のCATVシステムを通して実証的に解明。

池庄司敬信編

10 体制擁護と変革の思想

A5判520頁・5800円

A.スミス，E.バーク，J.S.ミル，J.J.ルソー，P.J.プルードン，Ф.N.チュッチェフ，安藤昌益，中江兆民，梯明秀，P.ゴベッティなどの思想と体制との関わりを究明。

園田茂人編著

11 現代中国の階層変動

A5判216頁・2500円

改革・開放後の中国社会の変貌を，中間層，階層移動，階層意識などのキーワードから読み解く試み。大規模サンプル調査をもとにした，本格的な中国階層研究の誕生。

早川善治郎編著

12 現代社会理論とメディアの諸相

A5判448頁・5000円

21世紀の社会学の課題を明らかにし，文化とコミュニケーション関係を解明し，さらに日本の各種メディアの現状を分析する。

中央大学社会科学研究所研究叢書

石川晃弘編著
13 体制移行期チェコの雇用と労働
A5判162頁・1800円

体制転換後のチェコにおける雇用と労働生活の現実を実証的に解明した日本とチェコの社会学者の共同労作。日本チェコ比較も興味深い。

内田孟男・川原　彰編著
14 グローバル・ガバナンスの理論と政策
A5判320頁・3600円

グローバル・ガバナンスは世界的問題の解決を目指す国家，国際機構，市民社会の共同を可能にさせる。その理論と政策の考察。

園田茂人編著
15 東アジアの階層比較
A5判264頁・3000円

職業評価，社会移動，中産階級を切り口に，欧米発の階層研究を現地化しようとした労作。比較の視点から東アジアの階層実態に迫る。

矢島正見編著
16 戦後日本女装・同性愛研究
A5判628頁・7200円

新宿アマチュア女装世界を彩った女装者・女装者愛好男性のライフヒストリー研究と，戦後日本の女装・同性愛社会史研究の大著。

林　茂樹編著
17 地域メディアの新展開
－CATVを中心として－
A5判376頁・4300円

『日本の地方CATV』（叢書9号）に続くCATV研究の第2弾。地域情報，地域メディアの状況と実態をCATVを通して実証的に展開する。

川崎嘉元編著
18 エスニック・アイデンティティの研究
－流転するスロヴァキアの民－
A5判320頁・3500円

多民族が共生する本国および離散・移民・殖民・難民として他国に住むスロヴァキア人のエスニック・アイデンティティの実証研究。

中央大学社会科学研究所研究叢書

菅原彬州編

19 連続と非連続の日本政治

A5判328頁・3700円

近現代の日本政治の展開を「連続」と「非連続」という分析視角を導入し、日本の政治的転換の歴史的意味を捉え直す問題提起の書。

斉藤　孝編著

20 社会科学情報のオントロジ
－社会科学の知識構造を探る－

A5判416頁・4700円

オントロジは、知識の知識を研究するものであることから「メタ知識論」といえる。本書は、そのオントロジを社会科学の情報化に活用した。

一井　昭・渡辺俊彦編著

21 現代資本主義と国民国家の変容

A5判320頁・3700円

共同研究チーム「グローバル化と国家」の研究成果の第3弾。世界経済危機のさなか、現代資本主義の構造を解明し、併せて日本・中国・ハンガリーの現状に経済学と政治学の領域から接近する。

宮野　勝編著

22 選挙の基礎的研究

A5判152頁・1700円

外国人参政権への態度・自民党の候補者公認基準・選挙運動・住民投票・投票率など、選挙の基礎的な問題に関する主として実証的な論集。

礒崎初仁編著

23 変革の中の地方政府
－自治・分権の制度設計－

A5判292頁・3400円

分権改革とNPM改革の中で、日本の自治体が自立した「地方政府」になるために何をしなければならないか、実務と理論の両面から解明。

石川晃弘・リュボミール・ファルチャン・川崎嘉元編著

24 体制転換と地域社会の変容
－スロヴァキア地方小都市定点追跡調査－

A5判352頁・4000円

スロヴァキアの二つの地方小都市に定点を据えて、社会主義崩壊から今日までの社会変動と生活動態を3時点で実証的に追跡した研究成果。

中央大学社会科学研究所研究叢書

25 グローバル化のなかの企業文化
石川晃弘・佐々木正道・白石利政・ニコライ・ドリャフロフ編著
－国際比較調査から－
Ａ５判400頁・4600円

グローバル経済下の企業文化の動態を「企業の社会的責任」や「労働生活の質」とのかかわりで追究した日中欧露の国際共同研究の成果。

26 信頼感の国際比較研究
佐々木正道編著
Ａ５判324頁・3700円

グローバル化，情報化，そしてリスク社会が拡大する現代に，相互の信頼の構築のための国際比較意識調査の研究結果を中心に論述。

27 "境界領域"のフィールドワーク
新原道信編著
－"惑星社会の諸問題"に応答するために－
Ａ５判482頁・5600円

3.11以降の地域社会や個々人が直面する惑星社会の諸問題に応答するため，"境界領域"のフィールドワークを世界各地で行う。

28 グローバル化と現代世界
星野　智編著
Ａ５判460頁・5300円

グローバル化の影響を社会科学の変容，気候変動，水資源，麻薬戦争，犯罪，裁判規範，公共的理性などさまざまな側面から考察する。

29 東京の社会変動
川崎嘉元・新原道信編
Ａ５判232頁・2600円

盛り場や銭湯など，匿名の諸個人が交錯する文化空間の集積として大都市東京を社会学的に実証分析。東京都ローマの都市生活比較もある。

30 民意と社会
安野智子編著
Ａ５判144頁・1600円

民意をどのように測り，解釈すべきか。世論調査の選択肢や選挙制度，地域の文脈が民意に及ぼす影響を論じる。

中央大学社会科学研究所研究叢書

31 新原道信編著
うごきの場に居合わせる
－公営団地におけるリフレクシヴな調査研究－
Ａ５判590頁・6700円

日本の公営団地を舞台に，異境の地で生きる在住外国人たちの「草の根のどよめき」についての長期のフィールドワークによる作品。

---

32 西海真樹・都留康子編著
変容する地球社会と平和への仮題
Ａ５判422頁・4800円

平和とは何か？という根源的な問いから始め，核拡散，テロ，難民，環境など多様な問題を検討。国際機関や外交の意味を改めて考える。

---

33 石川晃弘・佐々木正道・リュボミール・ファルチャン編著
グローバル化と地域社会の変容
－スロヴァキア地方都市定点追跡調査Ⅱ－
Ａ５判552頁・6300円

社会主義崩壊後四半世紀を経て今グローバル化の渦中にある東欧小国スロヴァキアの住民生活の変容と市民活動の模索を実証的に追究。

---

34 宮野　勝編著
有権者・選挙・政治の基礎的研究
Ａ５判188頁・2100円

有権者の政治的関心・政策理解・政党支持の変容，選挙の分析，政党間競争の論理など，日本政治の重要テーマの理解を深める論集。

---

35 三船　毅編著
政治的空間における有権者・政党・政策
Ａ５判188頁・2100円

1990年代後半から日本政治は政治改革のもとで混乱をきたしながら今日の状況となっている。この状況を政治的空間として再構成し，有権者と政策の問題点を実証的に分析する。

---

36 佐々木正蔵・吉野諒三・吉野善郎編著
現代社会の信頼感
－国際比較研究（Ⅱ）－
Ａ５判229頁・2600円

グローバル化する現代社会における信頼感の国際比較について，社会学・データ科学・社会心理学・国際関係論の視点からの問題提起。

中央大学社会科学研究所研究叢書

星野　智編著

37 グローバル・エコロジー

A5判258頁・2900円

地球生態系の危機，人口・エネルギー問題，地球の環境破壊と軍事活動，持続可能な国際循環型社会の構築，放射性物質汚染廃棄物の問題を追及する。

新原道信編著

38 "臨場・臨床の智"の工房
－国境島嶼と都市公営団地のコミュニティ研究－

A5判512頁・5800円

イタリアと日本の国境島嶼と都市のコミュニティ研究を通じて，地球規模の複合的諸問題に応答する"臨場・臨床の智"を探求する。

＊価格は本体価格です。別途消費税が必要です。